PONS

Grammatik üben in Bildern

DEUTSCH ALS FREMDSPRACHE

von
Leoni Röhr
Irina Gubanova-Müller
und
Federica Tommaddi

PONS GmbH
Stuttgart

PONS

Grammatik üben in Bildern
DEUTSCH ALS FREMDSPRACHE

von
Leoni Röhr
Irina Gubanova-Müller
und
Federica Tommaddi

Kapitel 1 - 6, 12, 15 - 16: Federica Tommaddi
Kapitel 7 - 11: Irina Gubanova-Müller
Kapitel 13 - 14: Leoni Röhr

1. Auflage 2017

Projektleitung: Canan Eulenberger-Özdamar
Redaktion: Gertrud Menczel, Leoni Röhr
Logoentwurf: Erwin Poell, Heidelberg
Logoüberarbeitung: Sabine Redlin, Ludwigsburg
Titelfotos: Katze: thinkstock/Neupokoev, Box: Shutterstock/ S. Castelli
Einbandgestaltung: Anne Helbich, Stuttgart
Layout: PONS GmbH, Stuttgart
Satz: digraf.pl - dtp services
Druck und Bindung: Publikum d.o.o.

Printed in the EU.
ISBN: 978-3-12-562871-7

Neugierig?
Dann treten Sie ein ...

... in ein neues Lernerlebnis!

Grammatik üben mit Bildern – warum?

Einer der Gründe sind Sie selbst und wahrscheinlich auch die Motivation, aus welcher heraus Sie dieses Buch in den Händen halten!

Die meisten Menschen, die eine Sprache lernen, kommen nicht darum herum, sich mit Grammatik zu beschäftigen und diese zu üben. Und vielen ist dabei unwohl, denn Grammatik wird oft mit unverständlichen Regeln, Pauken und großen Textmassen verbunden.

Viele dieser Menschen gehören zu den sogenannten „visuellen Lerntypen", die besser lernen, wenn Lerninhalte visuell, also bildsprachlich, aufbereitet sind.

Visuelles Lernen leicht gemacht

Bilder – aber nicht nur Bilder, sondern auch Grafiken, Formen und Farbe helfen unserem Gehirn, Texte zu strukturieren und zu verstehen.

Dieses Prinzip macht sich dieses Buch zunutze und so können komplexe und „trockene" Regeln übersichtlich und einfach dargestellt werden.

Dieses Übungsbuch ist dabei kein reines Bilderbuch, vielmehr unterstützt die Visualisierung den Text und hilft Ihnen so, sprachliche Inhalte besser zu verstehen und zu verarbeiten.

1 Bild sagt mehr als 1000 Worte

An diesem Sprichwort ist etwas Wahres dran, denn unser Gehirn kann Bilder und visuelle Darstellungen viel schneller aufnehmen als einen Text, der dieselben Inhalte wiedergibt. In der Tat benötigt es dafür nur den Bruchteil von Sekunden.

Werden Sie ruhig emotional ...

... denn an Dinge, für die Sie ein Gefühl entwickeln, erinnern Sie sich eine ganze Weile länger als an Dinge, die Sie „kaltlassen".

Bilder und visuelle Darstellungen sind dabei bestens dazu geeignet, Emotionen zu vermitteln. Sie prägen sich leichter ein und sorgen für Motivation – die Grundlage für Ihren Lernerfolg!

Durch die Verknüpfung von grammatischen Inhalten und visuellen Darstellungen entsteht die Basis für entspanntes und positives Lernen.

So ist GRAMMATIK ÜBEN IN BILDERN aufgebaut:

In diesem Buch finden Sie in 16 Kapiteln **alle wichtigen Grammatikthemen der Niveaus A1 - B2** für Deutsch als Fremdsprache.

1 HALLO & WILLKOMMEN!

Jedes Kapitel begrüßt Sie freundlich mit einem großformatigen Bild und stellt Ihnen kurz vor, **worum es in diesem Kapitel geht**.

2 Die Farben - AUGEN AUF UND DURCH!

In jedem Kapitel steht eine **Farbe für ein grammatisches Phänomen**, das im gesamten Kapitel ausschließlich durch diese Farbe gekennzeichnet wird.

Das Zusammenspiel von **Farbe, grafischen Gestaltungen** und **Bildern** erleichtert Ihnen das Lernen und Memorieren.

3 Die perfekte Ergänzung: GRAMMATIK IN BILDERN Deutsch als Fremdsprache

Dieses Übungsbuch ist Teil der Reihe **VISUELLES LERNEN** und komplett analog aufgebaut zur Nachschlagegrammatik **GRAMMATIK IN BILDERN Deutsch als Fremdsprache** (ISBN: 978-3-12 562743-7).

So können Sie zu jedem Kapitel des Übungsbuchs die entsprechenden Regeln im selben Kapitel der Grammatik nachschlagen. Umgekehrt finden Sie zu allen Regeln des Grammatikbuches Übungen in diesem Übungsbuch.

Das **Farbleitsystem** sorgt für schnelle Orientierung: Alle grammmatischen Phänomene haben dieselben Farben in beiden Büchern.

Natürlich können aber beide Bücher **völlig unabhängig** voneinander verwendet werden.

Jeder kann Grammatik lernen - Sie müssen nur noch loslegen!

Wir wünschen Ihnen viel Erfolg & Freude dabei.

Ihre PONS-Redaktion

INHALT

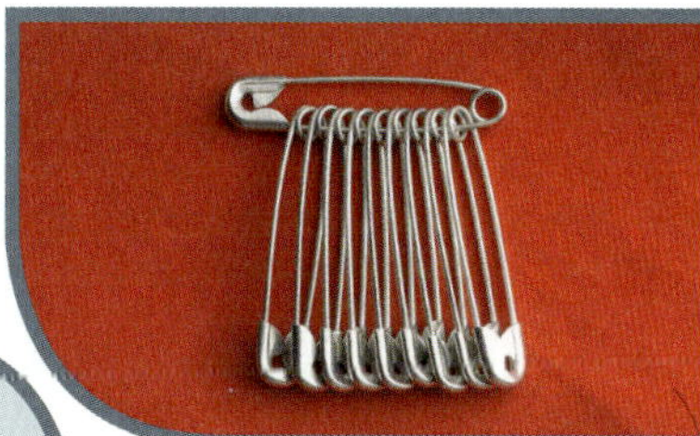

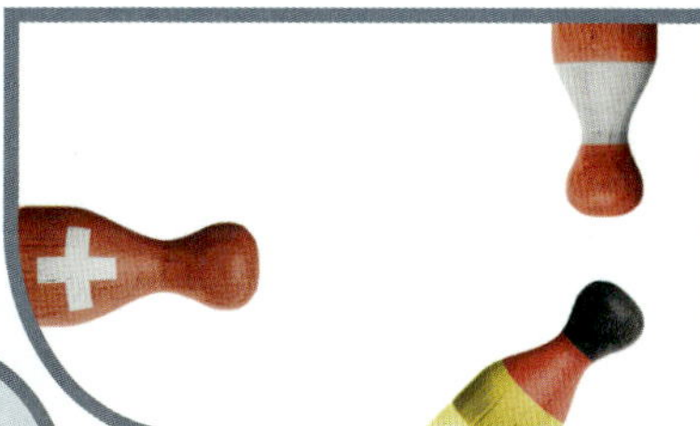

1 Laute und Buchstaben

Welche Laute und Buchstaben gibt es im Deutschen?

Wie spreche ich sie aus?

Welche Unterschiede gibt es zwischen der Schreibweise und der Aussprache?

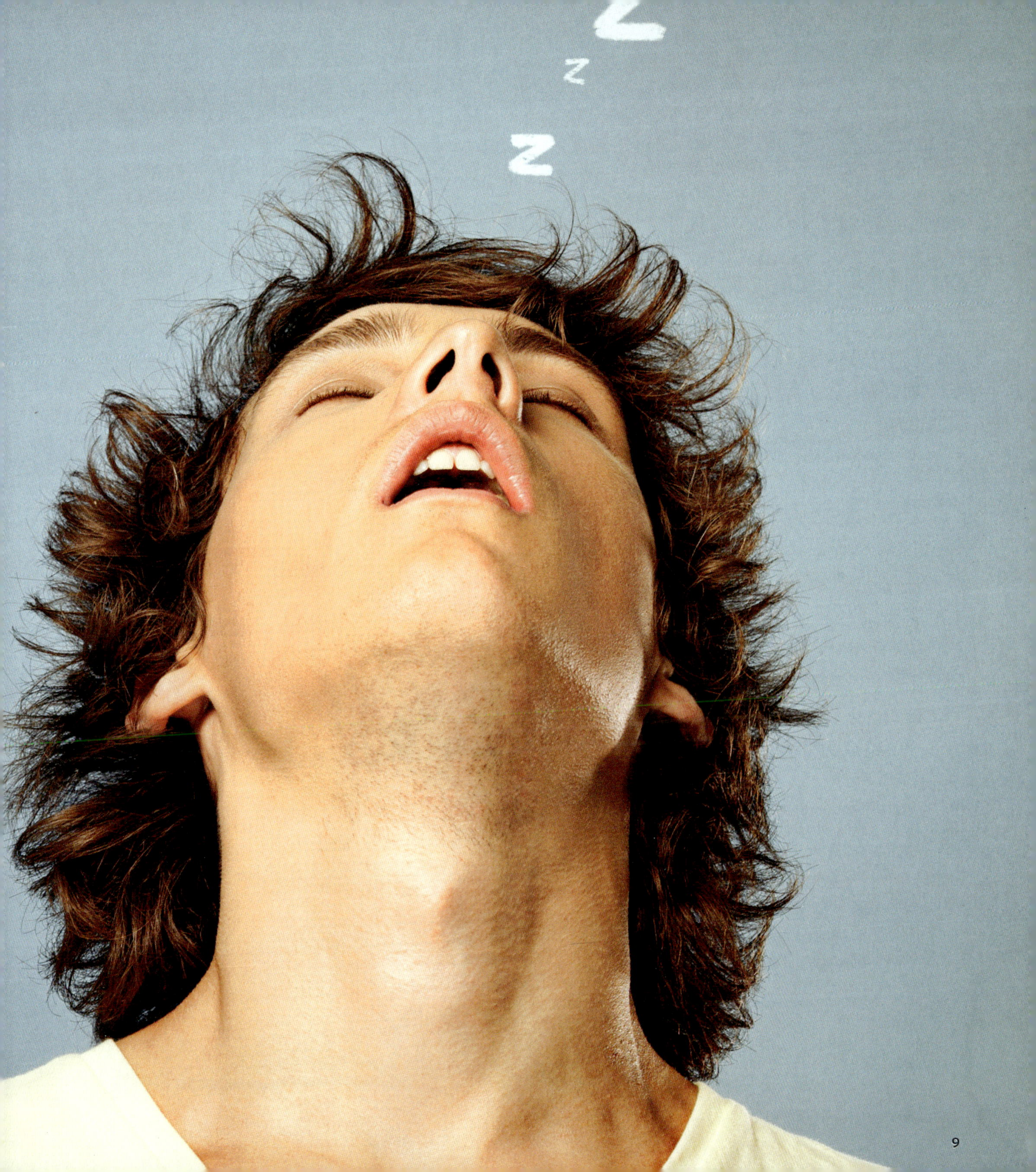
Z
z
Z

1. Kurz oder lang?

Welche Wörter enthalten einen kurzen und welche einen langen Vokal? Tragen Sie sie in die passende Spalte ein.

1 **KURZ**

____

____

____

____

2 **LANG**

____

____

____

____

fett

leer

Suppe

Wahl

Bier

Lamm

kalt

Huhn

2. Die Vokale sind weg ...

Die Maus hat alle Vokale gefressen. Fügen Sie sie wieder ein, indem Sie das ganze Wort schreiben.

1. _______________! **2.** _______________?

3. _______________.

3. Kinderreim

Lesen Sie still, trennen Sie die Wörter durch Schrägstriche (/) und fügen Sie Kommas und Punkte ein. Schreiben Sie dann den Kinderreim und achten Sie auf die Groß- und Kleinschreibung.

eswareinmaleinmannderhatteeinenzahnderzahntatihmwehdasprangerindenseederseewarihmzukaltdagingerindenwald……

Es war einmal … ______________________________

____

4. Sind Sie Dichter?

Verwenden Sie die Wortliste und reimen Sie!

1. ____ ____ ____
2. ____ ____
3. ____ ____
4. ____ ____
5. ____ ____
6. ____ ____

hier · Hose · sehr · Rat · Eis · gespannt · schwer · Rose · wir · heiß · Sonnenbad · Hand

2 Der Artikel

Welche Artikel gibt es im Deutschen?

Wann benutze ich **welchen**?

Worauf muss ich besonders achten?

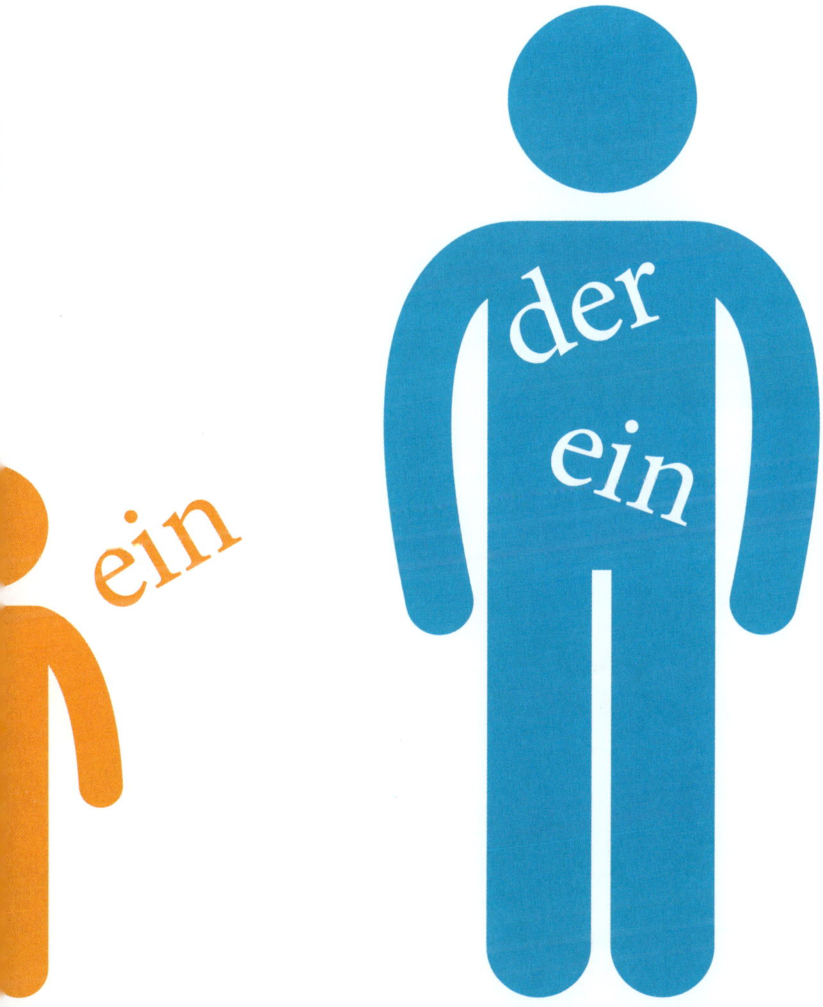
ein
der
ein

1. Tetris mit dem bestimmten Artikel

Ergänzen Sie die Tabelle mit den passenden bestimmten Artikeln.

Nominativ	1	3	4	8
Akkusativ	2	3	4	8
Dativ	5	5	7	9
Genitiv	6	6	7	10

die

der

das

die

den

dem

der

der

des

den

2. Lass uns Schach spielen!

Verbinden Sie den bestimmten Artikel mit dem passenden Substantiv.

der

die

der

die

das

Spiel

Dame

Turm

Figuren

König

3. Einmaligkeit

Ordnen Sie jedem Begriff die passenden Beispiele zu und ergänzen Sie sie wie im Beispiel.

1. Institutionen:
2. einige Staatsnamen:
3. geografische Eigennamen:
4. Bauwerke:
5. historische Ereignisse:
6. Persönlichkeiten:

6 A die Königin
___ B ______ Expressionismus (n.)
___ C ______ Türkei
___ D ______ Bodensee
___ E ______ Ausländeramt
___ F ______ Schiefe Turm von Pisa

4. Einige Präpositionen mit dem bestimmten Artikel

Ergänzen Sie die Sätze, indem Sie die Präpositionen mit dem bestimmten Artikel verschmelzen.

1

Karl geht oft (auf + das) ______ Klo.

2

Der Elefant hat niemals Ohrenschmerzen (bei + dem) ______ Fliegen.

3

Er kommt immer zu spät (zu + der) ______ Arbeit.

4

Ich muss dir etwas (in + das) ______ Gesicht sagen!

5. Tetris mit dem unbestimmten Artikel

Ergänzen Sie die Tabelle mit den passenden unbestimmten Artikeln.

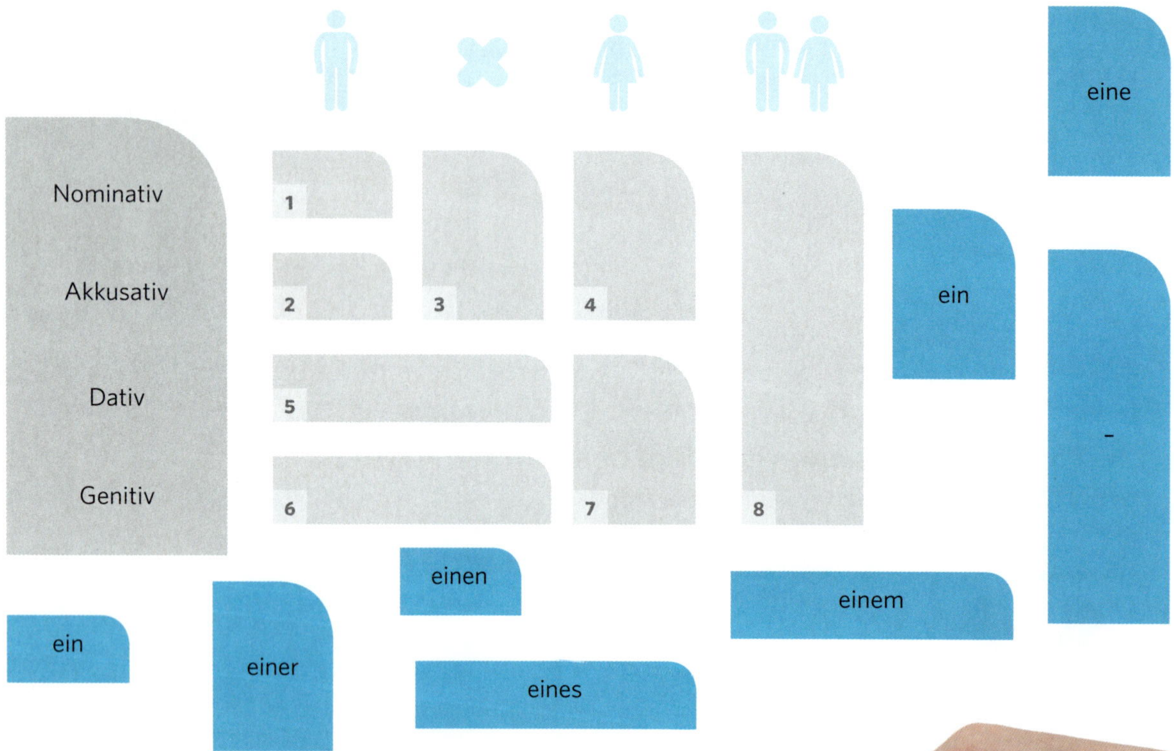

6. Was darf ich Ihnen bringen?

Lesen Sie die Bestellungen rechts und vervollständigen Sie dann den Zettel unten mit den unbestimmten Artikeln (im Akkusativ).

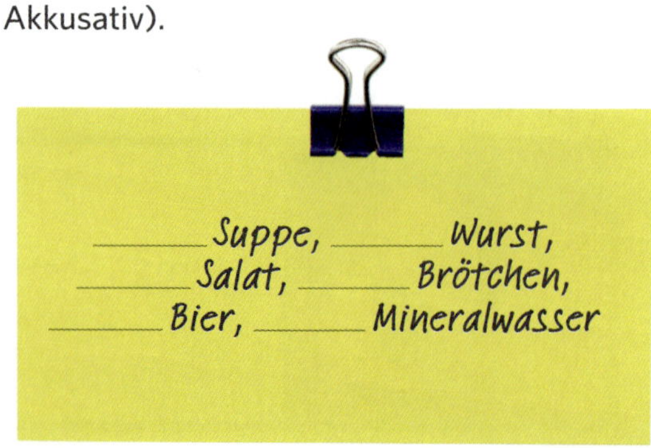

7. Lass uns erzählen!

Bilden Sie Sätze und kombinieren Sie die Sätze zu drei unterschiedlichen Erzählungen.

Es war einmal ...	eine	Drache (m.).
	ein	böse Fee (f.).
	ein	Kind (n.).

Eines Tages entdeckte der Drache/ die böse Fee/das Kind ...	eine	Haus (n.).
	einen	Garten (m.).
	ein	Burg (f.).

Das Haus/ Der Garten/ Die Burg gehörte ...	einem	Hexe (f.).
	einer	Zwerg (m.).
	einem	Gespenst (n.).

Dort fand der Drache/ die böse Fee/das Kind die Schuhe ...	eines	Prinzessin (f.).
	eines	Mädchens (n.).
	einer	Riesen (m.).

1. *Es war einmal eine böse Fee. Eines Tages entdeckte die böse Fee ...*

2. *Es war einmal ein Kind. ...*

3.

8. Der Gebrauch der Artikel

Warum wird hier der bestimmte oder der unbestimmte Artikel gebraucht? Entscheiden Sie!

1. **Der** Hund ist der beste Freund des Menschen.
2. Wir haben jetzt **einen** Hund.
3. Leider muss er in **die** Klinik.
4. **Eine** Tierklinik ist ein Krankenhaus für Hunde und andere Tiere.
5. Gibt es hier **eine** Tierklinik?
6. Und wo ist **die** Tierklinik?
7. In **der** Tierklinik arbeitet **der** berühmte Dr. Wolf.

Es geht um

___ A eine generelle Aussage.

___ B eine beliebige Sache von einer Sorte, die Existenz ist nicht sicher.

___ C eine bekannte Sache + eine bekannte/berühmte Persönlichkeit.

___ D eine Definition.

___ E eine neue Sache.

___ F eine bekannte Sache.

___ G eine bestimmte/spezielle Sache.

9. Die Patchworkfamilie

Ergänzen Sie die Sätze mit den passenden Artikeln: bestimmt oder unbestimmt?

1. Luisas Familie ist sehr groß. Sie hat ______ Vater und ______ Mutter, die aber getrennt sind.
2. ______ neue Freundin ______ Vaters heißt Carola und hat auch ______ Sohn.
3. ______ Mutter von Luisa hat gerade ______ Baby bekommen. Sie wohnen alles zusammen in ______ großen Haus.

PATCHWORKFAMILIE

10. Tetris mit dem Negationsartikel

Ergänzen Sie die Tabelle mit den passenden Negationsartikeln.

	m	n	f	Pl.
Nominativ	1	3	4	8
Akkusativ	2	3	4	8
Dativ	5	5	7	9
Genitiv	6	6	7	10

keinen · kein · keine · keiner · keiner · keinen · kein · keine · keinem · keines

11. Wer ist Walter?

Ergänzen Sie die Sätze mit den Negationsartikeln und betrachten Sie die Bilder: Wer ist Walter? Kreuzen Sie die Nummer an.

1. Walter hat ________ Freunde (Pl.).
2. Walter hat ________ Geld (n.).
3. Walter liest ________ Zeitung (f.).
4. Walter hat ________ Hunger (m.).
5. Walter hat ________ Frau (f.).
6. Walter hat ________ Zähne (Pl.).

12. Kein oder nicht? Das ist hier die Frage!

Verneinen Sie das unterstrichene Wort in Ihrer Antwort wie im Beispiel.

Nein, ich habe keine Zeit.

____

Willst du mich heiraten?

Hast du Zeit?

____

____

Kannst du gut schlafen?

____

____

Hast du eine Lösung?

Trinkt ihr Wasser?

Kannst du Geige spielen?

13. Kein Artikel steht ...

Suchen Sie in den Wortschlangen Sätze und schreiben Sie sie hinter die entsprechenden Kategorien. Achten Sie dabei auf die Groß- und Kleinschreibung.

siekommenausitalienerwillarztwerdenakiraistjapanerdeinherzistaussteinhastdudu-st?

1. bei Nationalitäten: ______________________
2. bei Ländern: ______________________
3. bei nicht zählbaren Dingen: ______________________
4. bei Berufsbezeichnungen: ______________________
5. bei Materialien: ______________________

14. Ohne Artikel, bestimmter/unbestimmter Artikel oder Negationsartikel?

Achten Sie auch auf das Genus und den Fall.

1. _____ ALTER HUND VON JUNGEM MANN GEBISSEN

_____ Hund wurde gestern von _____ Mann angegriffen. _____ Hund hatte an _____ Hündin _____ Mannes Interesse gezeigt.

2. _____ HÜBSCHE SEELENVERWANDTE GESUCHT!

Ich bin _____ junger Hund. Ich habe _____ Kinder und liebe _____ ruhige Spaziergänge. Ich habe nur _____ Angst vor Katzen!

3. _____ GEBRAUCHTE HUNDEHÜTTE AUS _________ HOLZ ABZUGEBEN

Ich verkaufe _____ gemütliche Hütte. Sie hat _____ Gebrauchsspuren: sie ist fast neu! Abholung nur nach _____ Absprache.

3 Das Substantiv

Was sind Substantive?

Wann verwende ich sie?

Worauf muss ich im Deutschen achten?

1. Was sind Substantive?

Finden Sie die sechs Substantive (senkrecht oder waagerecht), die den Bildern entsprechen, und schreiben Sie sie unten auf. Bezeichnen sie Konkretes oder Abstraktes? Kreuzen Sie an.

d	a	g	e	t	r	ä	n	k	z
g	b	s	d	f	c	ß	u	m	p
m	e	c	w	r	a	h	r	e	l
d	s	h	a	w	v	a	l	ü	z
ß	o	ö	h	i	e	b	a	g	o
p	n	n	l	n	k	d	u	p	t
w	d	a	n	g	s	t	b	e	l
i	e	b	l	z	v	n	e	t	t
n	r	f	i	e	b	e	r	t	ö
d	s	z	w	i	s	c	h	e	n

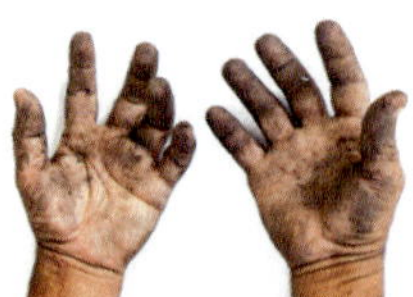

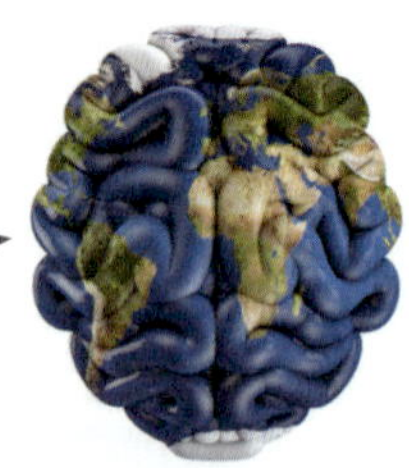

	KONKRETES	ABSTRAKTES
1. ______________	☐	☐
2. ______________	☐	☐
3. ______________	☐	☐
4. ______________	☐	☐
5. ______________	☐	☐
6. ______________	☐	☐

2. Abgeleitete Substantive

Einige einsilbige Substantive stammen von einem Verb ab. Schreiben Sie sie neben die Bilder.

1

Von hier aus ist die ________ (sehen) besser!

2

Wie lange dauert ein ________ (fliegen) zum Mond?

3

Das ________ (decken) muss noch repariert werden.

4

Er hat ein paar ________ (erfrieren) bekommen.

3. Besonderheiten

Beziehen sich die folgenden Substantive auf männliche oder weibliche Lebewesen oder auf beides? Kreuzen Sie an.

1. der Gast
2. die Schlafende
3. das Mitglied

4. Maskulin, feminin oder neutrum?

Fügen Sie die Substantive in die entsprechende Gruppe ein.

der

die

BEDEUTUNG

das

Tochter

Ärztin

Morgen

Betreten

April

Vater

Schnee

Tanne

Montag

Winter

Lehrer

Beste

Geranie

Ganze

5. Maskulin, feminin oder neutrum?

Fügen Sie die Substantive in die entsprechende Gruppe ein.

ENDUNGEN

Fehler · Forum · Boden · Zeitung · Brötchen · Tischlein · Liebling · Experiment · Faulheit · Zeugnis · Fakultät · Puppe · Pfennig · Motor · Kaiser · Tätigkeit · Konditorei · Botschaft

6. Die Komposita

Das Genus zusammengesetzter Substantive (Komposita) richtet sich immer nach dem Genus des letzten Wortes. Bilden Sie Komposita anhand der Fotos und ergänzen Sie den Artikel wie im Beispiel.

der Regenschirm

1. ______________________

2. ______________________

3. ______________________

4. ______________________

7. Singular oder Plural?

Ordnen Sie die Wörter zu.

Fotos, Stunde, Bluse, Väter, Freunde, Kleider, Ofen, Frauen, Hose, Schloss

SINGULAR

1. ____________________
2. ____________________
3. ____________________
4. ____________________
5. ____________________

PLURAL

1. ____________________
2. ____________________
3. ____________________
4. ____________________
5. ____________________

8. -e, -n oder -en?

Bilden Sie die Pluralformen mit der richtigen Endung. Achten Sie auf den Umlaut!

UMLAUT!

Berg, Stadt, Blume, Prüfung, Tat, Junge, Wand

-e

die ... ____________________

____

____

-n

____

____

-en

____

____

9. -er, -s oder ohne Endung?

Bilden Sie die Pluralformen mit der richtigen Endung. Achten Sie auf den Umlaut!

UMLAUT!

Sofa

Feld

Wunder

Büchlein

Apfel

Mund

Lehrer

-er

die ...

____

-

____

-s

____

10. Eins, zwei, drei ... viele!

Schreiben Sie die Substantive im Plural.

der Mann

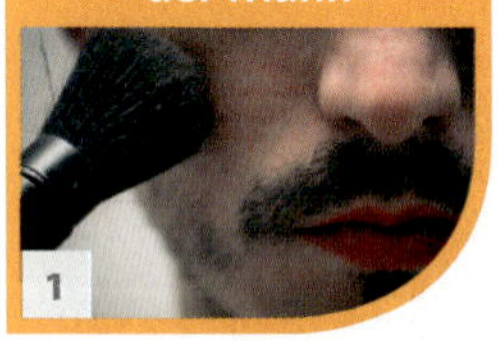

1

____

der Baum

2

____

das Jahr

3

____

das Auto

4

____

11. Immer im Singular!

Suchen Sie in der Wortschlange die Wörter, die immer im Singular sind, und schreiben Sie sie mit dem Artikel in die entsprechenden Lücken. Achtung: Manche Wörter können den Plural bilden.

1. bei Abstrakta: der Stolz, ____________________
2. bei Materialien: ____________________
3. bei Infinitiven: ____________________
4. bei Kollektiva: ____________________
5. bei Wetterbezeichnungen: ____________________

Diese Wörter können den Plural bilden: ____________________

12. Immer im Plural!

Ergänzen Sie die Wörter, die nur oder meistens im Plural stehen.

1.	N	I	E								E
2.	K	O									
3.	M		B								
4.	G	E	S						T	E	R
5.	T	R	O	P							
6.	S	P				S		C	H		

2

1

3

6

5

4

13. Dativ Plural

Ordnen Sie jedem Bild das passende Substantiv zu. Ergänzen Sie dann, falls nötig, die Endungen.

____ **A** den Kinder___

____ **B** meinen Eltern___

____ **C** Tiere___

____ **D** meinen Puppen___

____ **E** den Kollegen___

____ **F** meinen Freundinnen___

14. Genitiv Singular

Wer hat gesprochen? Ergänzen Sie – wo nötig – die Endungen und ordnen Sie dann jedem Bild die passende Sprechblase zu. Achtung: Es sind zwei Sprechblasen zu viel!

1

2

3

4

___ **A** Wo habe ich nur den Zettel mit der Telefonnummer meines Freund___ hingelegt?

___ **B** Ich komme gegen Ende der Woche___ zurück.

___ **C** Wie findest du die Kochkünste meines Vater___?

___ **D** Auf den Schultern des Leiter___ liegt manchmal eine große Last.

___ **E** Dank meines tollen Zettelsystem___ habe ich den totalen Durchblick!

___ **F** Gefällt dir die Einrichtung meiner Wohnung___?

15. n-Deklination

Im Deutschen gibt es eine besondere Deklination: die n-Deklination. Ergänzen Sie die Tabellen.

+ -n

der Löwe
den *Löwen*
dem ______
des ______

+ -en

der Fotograf
den *Fotografen*
dem ______
des ______

16. Zu dieser Deklination gehören ...

... einige der folgenden Substantive. Fügen Sie sie, wie im Beispiel, in eine der beiden Gruppen ein (im Nominativ und Akkusativ). Achtung! Drei Substantive gehören nicht dazu. Welche?

1
der Zeuge – den Zeugen

2

~~Zeuge~~ | Hase | Philosoph | Käse | Kamerad | Eule | Experte | Präsident | Erbe | Emigrant | Tourist | Kandidat | Prozent | Neffe

keine n-Deklination: ______________________________

17. Merken Sie sich außerdem ...

Ergänzen Sie die Sätze mit den passenden Wörtern. Denken Sie, falls nötig, an die Endungen.

Ich kann meinen ______________ überhaupt nicht leiden!

Könnte ich bitte mit ______________ Bond sprechen?

Ich kaufe nur direkt beim ______________.

Nachbar Herr Bauer

18. Ausnahmen bestätigen die Regel!

Einige Substantive der n-Deklination haben im Genitiv zusätzlich ein -s.
Setzen Sie sie in den Genitiv.

der Gedanke > ______________

der Name > ______________

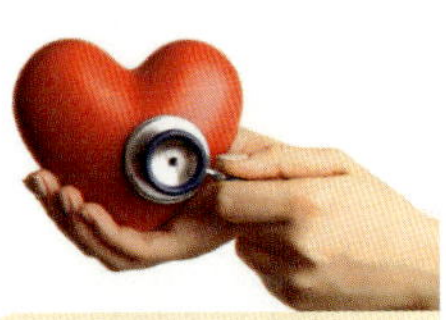

das Herz > ______________

der Friede > ______________

19. Ich bin (ein) Berliner!

Zur n-Deklination gehören auch die Nationalitätenbezeichnungen mit der Endung -e. Schreiben Sie sie, wie im Beispiel, unter die Bilder. Welche Wörter gehören nicht zur n-Deklination?

Ich bin Türke.

1

____

2

____

3

____

4

____

5

____

6

____

7

____

~~Türke~~

Franzose

Russe

Spanier

Schotte

Ire

Japaner

Grieche

keine n-Deklination: ______________________

20. Nationalitäten und Länder

Ordnen Sie jeder Nationalitätenbezeichnung das passende Land zu.

1. Türke
2. Franzose
3. Russe
4. Spanier
5. Schotte
6. Ire
7. Japaner
8. Grieche

___ A Russland
___ B Griechenland
___ C Japan
___ D Frankreich
___ E Spanien
___ F Schottland
___ G Irland
___ H Türkei

21. Nationalitäten

Wie heißen die Bewohner von Belgien und Finnland? Ergänzen Sie die Tabelle.

	maskulin I	maskulin II
Nominativ	der Belgier	der Finne
Akkusativ	den ___	den ___
Dativ	dem ___	dem ___
Genitiv	des ___	des ___

22. Jetzt wird gespielt!

Schreiben Sie die Nationalitätenbezeichnungen, wie im Beispiel. Achten Sie auf das Geschlecht, den Numerus und die Kasusformen!

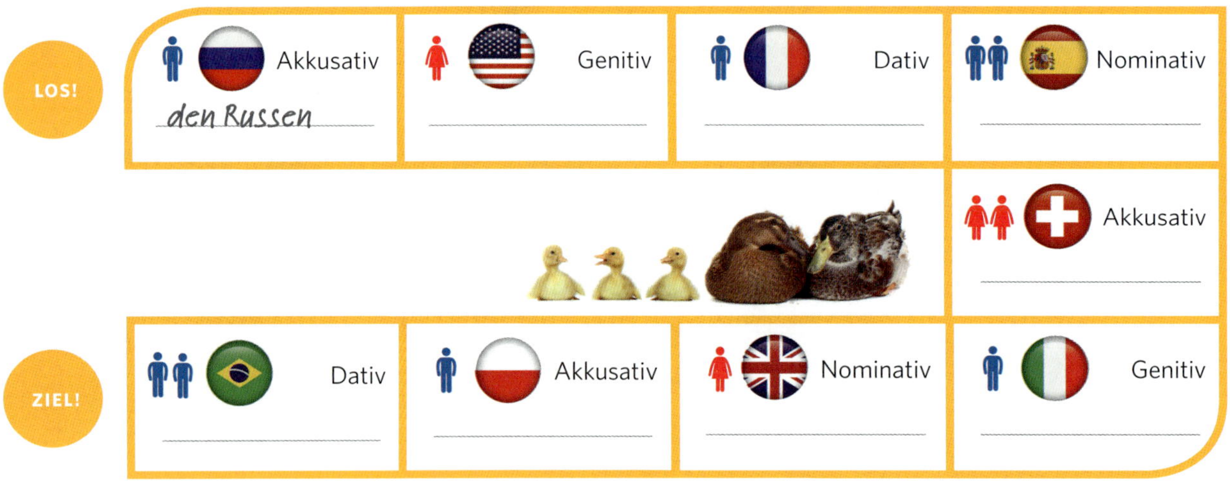

23. Apostroph oder -s? Das ist hier die Frage!

Fügen Sie die passenden Satzteile zusammen und ergänzen Sie dabei die Endung im Genitiv.

1. Eines der Werke Goethe___	___ A *Ode an die Freude* ist die Europahymne.
2. Im Herzen Rumänien___	___ B liegt die Zugspitze.
3. Strauss___	___ C ist die Italienische Reise.
4. Im Süden Deutschland___	___ D wachsen die Trauben für den berühmten Wein.
5. In der Umgebung Bordeaux___	___ E Geburtshaus steht in Salzburg.
6. Mozart___	___ F Donauwalzer ist sehr bekannt.
7. Beethoven___	___ G Bruder hieß Heinrich.
8. Thomas Mann___	___ H liegt Transsilvanien.

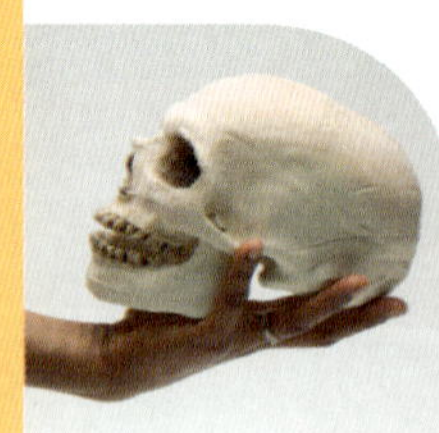

24. Besonderheiten: Genitiv Singular

Setzen Sie die Substantive in den Genitiv Singular. Achten Sie auf die Endung.

Bild- Tisch- Onkel- Geist- Pilz- Vater-

-es

-s

des Bildes ______

______

______

______

______

______

25. Besonderheiten: Dativ Plural

Setzen Sie die Substantive in den Dativ Plural.
Achtung: Sie enden nicht immer auf -n!

das Baby > ______

der Fisch > ______

das Sofa > ______

die Oma > ______

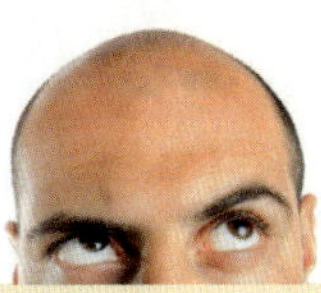

das Haar > ______

das Restaurant > ______

4 Das Adjektiv

Was sind Adjektive?

Wofür benötige ich sie?

Wie bilde ich sie?

glücklich

traurig

1. Adjektive mit und ohne Endungen

Finden Sie die sechs Adjektive (senkrecht oder waagerecht), die den Bildern entsprechen und schreiben Sie sie auf die Zeilen unten. Achten Sie auf die Endungen!

s	c	h	ü	c	h	t	e	r	n
b	c	u	e	g	a	ß	v	n	q
e	f	n	w	s	r	a	l	e	m
s	t	g	b	l	t	ü	r	w	t
o	p	r	h	i	e	r	a	v	ö
r	m	i	b	c	n	f	u	p	c
g	b	g	n	e	t	u	c	f	f
t	i	e	f	e	n	t	f	v	p
e	g	l	ü	c	k	l	i	c	h
s	g	b	y	i	t	c	d	ö	n

	OHNE ENDUNG	MIT ENDUNG
1. Wir sind sehr *gl...* ______________!	☐	☐
2. Ich bin so *hu...* ______________ wie ein Bär!	☐	☐
3. Was ist los? Du machst so ein *be...* ______________ Gesicht.	☐	☐
4. Die beiden haben einen *ti...* ______________ Schlaf.	☐	☐
5. Er hatte heute einen *ha...* ______________ Arbeitstag.	☐	☐
6. Sei nicht so *sc...* ______________!	☐	☐

2. Die Suffixe

Bilden Sie so viele Adjektive wie möglich und schreiben Sie sie neben die passenden Suffixe. Beachten Sie, dass die meisten Stammelemente verschiedene Suffixe haben können. Bei einem Stammelement kann sich der Vokal ändern.

-bar ______ ______

-haft nebelhaft ______

-los ______ ______
______ ______

-sam ______ ______

-lich ______ ______
______ ______
______ ______
______ ______

-isch ______ ______

-ig ______ ______
______ ______
______

3. Was passt?

Wählen Sie die passenden Adjektive aus.

1. Ist dieses Medikament auch **wirksam** / **wirklich** ?
2. Schade, dass die alte Nachbarin so **wunderbar** / **wunderlich** geworden ist.
3. Die Tischdecke gefällt mir **farbig** / **farblich** nicht.
4. Das Eis schmeckt leider sehr **künstlich** / **künstlerisch**.
5. Dieser Mantel ist **zeitlich** / **zeitlos** und passt zu allem!

4. Die Präfixe

Bilden Sie Adjektive, indem Sie die angegebenen Präfixe benutzen.

un-

über-

wider-

miss-

5. Zusammengesetzte Adjektive

Bilden Sie anhand der Fotos zusammengesetzte Adjektive.

1. 

2. 

3. 

4. 

1. ______
2. ______
3. ______
4. ______

6. Partizipien als Adjektive: Partizip I oder Partizip II?

Ergänzen Sie die Sätze mit dem passenden Partizip. Ordnen Sie dann jedem Satz ein Bild zu.

___ **A** eine (passende/gepasste) ______________ Bluse

___ **B** ein (kochendes/gekochtes) ______________ Ei

___ **C** eine (lachende/gelachte) ______________ Frau

___ **D** ein (stehlendes/gestohlenes) ______________ Fahrrad

7. Deklination der Adjektive ohne Artikel

1

Ergänzen Sie die Tabelle oben mit den passenden Adjektivendungen und die Tabelle unten mit den passenden Adjektiven ohne Artikel.

	maskulin	neutral	feminin	Plural
Nom.	1	3	4	8
Akk.	2			
Dat.	5		7	9
Gen.	6			10

-er -en -e -er -em -en -es -en -er -e

	11. maskulin	12. neutral	13. feminin	14. Plural
Nom.	roter Wein	frisches Bier	warme Milch	kalte Getränke
Akk.	______ Wein	______ Bier	______ Milch	______ Getränke
Dat.	______ Wein	______ Bier	______ Milch	______ Getränken
Gen.	______ Weins	______ Biers	______ Milch	______ Getränke

8. Lustige Anzeigen

Ergänzen Sie die Anzeigen mit den passenden Adjektivendungen.

1

Attraktiv___, sportlich___ Mann sucht jung___, blond___ Frau aus gut___ Familie.

2

Suche aktiv___, motiviert___ Musiker, die gut___ Musik lieben und schön___ Stücke spielen.

3

Alt___ Ehepaar sucht möbliert___ Wohnung ohne bös___ Katze. Miete maximal ein Stück Käse.

4

Hübsch___, intelligent___ Frau sucht nett___, kultiviert___ Mann für interessant___ Unterhaltungen und gemütlich___ Abende.

9. Eins, zwei, drei - Adjektivspielerei

Ergänzen Sie die Sätze mit den passenden Adjektivendungen.

1. Du hast wirklich zwei schön___ Beine!

2. Ich war mit drei gut___ Freunden im Urlaub.

3. In einer Nacht hat er vier spannend___ Bücher gelesen.

4. Meine Kinder haben heute viele schwierig___ Hausaufgaben!

10. Deklination der Adjektive nach bestimmtem Artikel

2

Ergänzen Sie die obere Tabelle mit den passenden Adjektivendungen und die Tabelle unten mit den passenden Adjektiven nach dem bestimmten Artikel.

	maskulin	neutral	feminin	Plural
Nom.	1			
Akk.				
Dat.				
Gen.	2			

-e

-en

	3. maskulin	4. neutral	5. feminin
Nom.	der klare Himmel	das grüne Land	die tiefe See
Akk.	den ______ Himmel	das ______ Land	die ______ See
Dat.	dem ______ Himmel	dem ______ Land	der ______ See
Gen.	des ______ Himmels	des ______ Landes	der ______ See

	6. Plural
Nom.	die vollen Straßen
Akk.	die ______ Straßen
Dat.	den ______ Straßen
Gen.	der ______ Straßen

11. Die merkwürdige Zeitung

Bilden Sie Artikelüberschriften wie im Beispiel.

Das Verschwinden *der alten Dame*

1. Das Glück ______________________
2. Das Schreien ______________________
3. Das Unglück ______________________
4. Der Erfolg ______________________
5. Die Festnahme ______________________

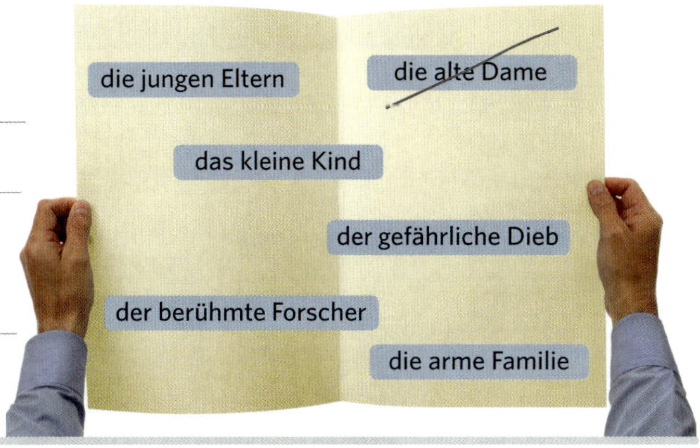

12. Die Verbindungen

Bilden Sie Fragen und dazu passende Antworten wie im ersten Beispiel. Achten Sie auf die Adjektivendungen.

Welches		Kleid		**Diese**		
Welche		Schuhe		**Dieser**		
	bunt*		bevorzugen Sie?		rot*	passt/passen mir gut!
Welchen		Jacke		**Diese**		
Welche		Mantel		**Dieses**		

Welches bunte Kleid bevorzugen Sie? – Dieses rote passt mir gut!

1. ______________________
2. ______________________
3. ______________________

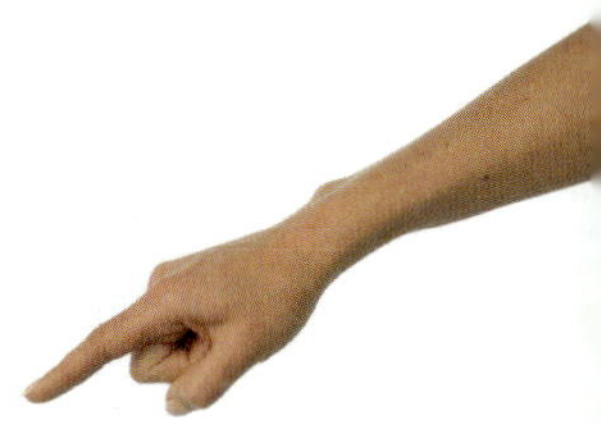

13. Deklination der Adjektive nach unbestimmtem Artikel

Ergänzen Sie die obere Tabelle mit den passenden Adjektivendungen und die Tabelle unten mit den passenden Adjektiven nach dem unbestimmten Artikel.

3

	maskulin	neutral	feminin
Nom.	1	3	4
Akk.	2	3	4
Dat.	2	2	2
Gen.	2	2	2

-e

-es

-en

-er

	5. maskulin	6. neutral	7. feminin
Nom.	ein verrückt**er** Mann	ein süß**es** Kind	eine lustig**e** Frau
Akk.	einen ______ Mann	ein ______ Kind	eine ______ Frau
Dat.	einem ______ Mann	einem ______ Kind	einer ______ Frau
Gen.	eines ______ Mannes	eines ______ Kindes	einer ______ Frau

	8. Plural (mit kein)	9. Plural (ohne Artikel)
Nom.	keine eng**en** Freunde	eng**e** Freunde
Akk.	keine ______ Freunde	______ Freunde
Dat.	keinen ______ Freunden	______ Freunden
Gen.	keiner ______ Freunde	______ Freunde

14. Was passt zusammen?

Wählen Sie die passenden Adjektive aus. Pro Substantiv gibt es zwei Adjektive.

gut | schlau | seltsam | beschäftigt | berufstätig | scheu | erfreulich | modern

1

ein ______________, ______________ Fuchs

2

eine ______________, ______________ Mutter

3

ein ______________, ______________ Wohnzimmer

4

keine ______________, ______________ Nachrichten

15. Was ist denn los?

Ergänzen Sie die Sätze mit den passenden Possessivartikeln und Adjektiven.

SIE

1. Sie hat mit (ihr, ehemalig) __________ Mann gesprochen.
2. Sie hat (ihr, geliebt) __________ Schmuckstück verloren.
3. Wegen (ihr, schlimm) __________ Erkältung musste sie zu Hause bleiben.

ER

4. Er hat (sein, ehemalig) __________ Frau verlassen.
5. Er freut sich über (sein, neu) __________ Arbeitsplatz.
6. Er ist sehr froh über den Brief (sein, geliebt) __________ Freundin.

16. Besonderheiten

Wählen Sie die passenden Adjektive aus. Achten Sie auf die Adjektivendungen.

1 ein ______ Gesicht

2 ein ______ Herr

3 eine ______ Affinität

4 das ______ Salz

sauer | hoch | nobel | rosa

17. Adjektivkette

Wählen Sie auch hier die passenden Adjektive aus und achten Sie auf die Adjektivendungen.

1. ein netter, ______ ______ Freund

2. ein ______ ______ ______ Problem

eng | ~~nett~~ | groß | gut | ungelöst | finanziell

18. Adjektive und Partizipien als Substantive

Ergänzen Sie die beiden Tabellen mit den passenden Endungen. Bilden Sie dann die analogen Formen in der Tabelle unten.

2	1. maskulin	2. feminin	3. Plural
Nom.	der Abwesende	die Abwesende	die Abwesenden
Akk.	den ___	die ___	die ___
Dat.	dem ___	der ___	den ___
Gen.	des ___	der ___	der ___

3	4. maskulin	5. feminin	6. Plural
Nom.	ein Anwesender	eine Anwesende	Anwesende
Akk.	einen ___	eine ___	___
Dat.	einem ___	einer ___	___
Gen.	eines ___	einer ___	___

7. verliebt	der ___	ein ___	zwei ___
8. fremd	die ___	eine ___	viele ___
9. blind	der ___	ein ___	einige ___

19. Die Steigerungsformen

Fügen Sie die Adjektive und ihre Steigerungsformen in das entsprechende Bild ein.

1 kräftig

____

____

2 lustig

____

____

3 bequem

____

____

20. Besonderheiten bei der Adjektivsteigerung

Fügen Sie die drei Formen der Adjektive in das entsprechende Bild ein. Achten Sie dieses Mal auf eventuelle Besonderheiten.

alt

____

____

teuer

____

____

hoch

____

____

21. Regelmäßig oder unregelmäßig?

Bilden Sie die Formen und ordnen Sie zu.

1 schöner – am schönsten

2 lauter – am lautesten

~~schön~~ · einfach · ~~laut~~ · gut · reich · sauer · kurz · warm · dick · nett · dünn · klein

22. Die drei Stufen

Vergleichen Sie wie im Beispiel.

Im Sommer regnet es *viel*, im Herbst *mehr* und im Winter *am meisten*.

1

Meine Schwester ist *jung*, mein Bruder ist ________ und ich bin ________.

2

Die Katze ist *groß*, der Hund ist ________ und der Esel ist ________.

23. Komparation

Bilden Sie Sätze mit dem Komparativ und **als** wie im Beispiel.

Die Katze ist klüger als der Hund.

1. *Die Mutter ist ...*
2. *In Berlin ist es ...*
3. *Der Rowtwein schmeckt ...*
4. *Das Kleid ist ...*
5. *Die Maus ist ...*
6. *Kinder essen ...*

24. Vergleiche

Ergänzen Sie die Sätze mit **wie** oder **als**.

1.  dick 

3.  alt 

2.  groß 

4.  fleißig 

1. *Die Katze ist ...* ____________________

2. *Ich bin ...* ____________________ *du.*

3. *Sie ist ...* ____________________ *ich.*

4. *Das Kind ist ...* ____________________ *das Baby.*

25. Ungleichheit

Formulieren Sie wie im Beispiel eine Bitte.

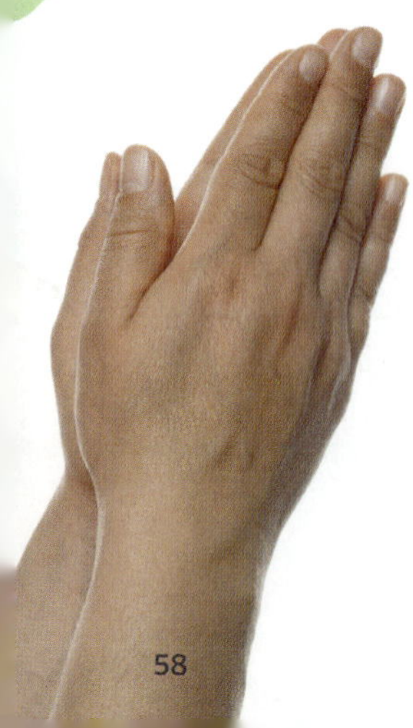

Der Taxifahrer fährt schnell. › *Könnten Sie bitte weniger schnell / nicht so schnell fahren?*

1. Die Lehrerin erklärt leise. › ____________________
2. Die Nachbarn stören oft. › ____________________
3. Die Kinder spielen laut. › ____________________
4. Der Chirurg spricht viel. › ____________________

26. Rekorde

Ergänzen Sie die Formen. Achten Sie darauf, dass die Superlative vor einem Substantiv dekliniert werden.

1. Welches ist der (klein) ________________ Kontinent?
2. Welches Tier ist (langsam) ________________?
3. Welches ist der (breit) ________________ Ozean?
4. Wo liegt der (hoch) ________________ Wolkenkratzer?
5. In welchem Land wächst die Bevölkerung (schnell) ________________?
6. Auf welchem Kontinent leben die (viel) ________________ Menschen?

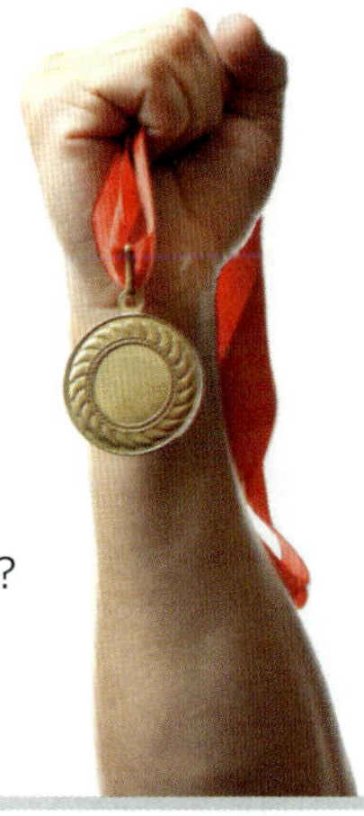

___ A Pazifik
___ B Asien
___ C Indien
___ D Schnecke
___ E Australien
___ F Dubai

27. Batterien

Wird ein Adjektiv durch die folgenden Adverbien verstärkt oder abgeschwächt?

1. ________________
2. ________________
3. ________________
4. ________________

5. ________________
6. ________________
7. ________________
8. ________________

ganz   ziemlich   besonders   recht
relativ   sehr   total   halbwegs

5 Das Zahlwort

1, 2, 3 ... **wie** zähle ich auf Deutsch?

Welche Arten von Zahlen gibt es?

Wann und **wie** wende ich sie an?

2001
1996
1997
1999
1993
1997
2001
1999
1996
1995

1. Die Zahlen bis 19

Ordnen Sie jeder Zahl das passende Zahlwort zu.

0	null	5		10		15	
1		6		11		16	
2		7		12		17	
3		8		13		18	
4		9		14		19	

zwölf, sechzehn, eins, neunzehn, drei, ~~null~~, acht, sechs, zwei, zehn, dreizehn, fünf, achtzehn, siebzehn, vier, elf, sieben, fünfzehn, vierzehn, neun

2. Die Zahlen bis 1000

Schreiben Sie die fehlenden Zahlen in die Lücken.

20	zwanzig	30	dreißig	300	
21	einundzwanzig	40		400	
22		50		500	
23		60	sechzig	600	
24		70	siebzig	700	
25		80		800	
26		90		900	
27		100		1000	(ein)tausend
28		101	(ein)hunderteins		
29		200			

3. Wer hat gewonnen?

Lesen Sie die Zahlen rechts und kreuzen Sie sie links auf den Karten an. Auf welcher Karte wurde zuerst eine Reihe vervollständigt?

		82			19			2
	66			11			49	
75			17					39

18			77			48		
	15				12			51
90		16				27		

1. fünfundsiebzig
2. achtundvierzig
3. sechsundsechzig
4. zwölf
5. neunzehn
6. siebenundzwanzig
7. einundfünfzig
8. neununddreißig
9. zweiundachtzig
10. siebzehn

_______ hat gewonnen.

4. Zahlen unterwegs

Schreiben Sie die Grundzahlen als Wort neben die Bilder.

1. ______________________

2. ______________________

3. ______________________

4. ______________________

5. ______________________

6. ______________________

5. Wie spät ist es?

Ordnen Sie den Zahlen auf dem Ziffernblatt die passenden Uhrzeiten zu. Ergänzen Sie dann die Sprechblasen.

Es ist ...

5 **A** ... fünf vor halb elf.

____ **B** ... zehn vor elf.

____ **C** ... halb elf.

____ **D** ... fünf vor elf.

____ **E** ... zehn nach zehn.

____ **F** ... zwanzig vor elf.

____ **G** ... Viertel vor elf.

____ **H** ... fünf nach zehn.

____ **I** ... Viertel nach zehn.

____ **J** ... zwanzig nach zehn.

____ **K** ... fünf nach halb elf.

____ **L** ... elf Uhr.

13. Verdammt! Es ist schon ____________________!

14. Es ist ____________________.
Ich habe solchen Hunger!

6. Offiziell / umgangssprachlich

Schreiben Sie die offiziellen und die umgangsspraclichen Uhrzeiten neben die Uhren.

OFFIZIELL

UMGANGSSPRACHLICH

		OFFIZIELL	UMGANGSSPRACHLICH
1	22:40	__________	__________
2	20:30	__________	__________
3	12:55	__________	__________
4	18:15	__________	__________
5	04:35	__________	__________

7. Fit in Geschichte?

Schreiben Sie die Jahreszahlen aus (wie man sie sprechen würde) und ordnen Sie sie zu.

1. 1945: __________
2. 2005: __________
3. 1961: __________
4. 1989: __________
5. 1517: __________

___ A Die Berliner Mauer wird gebaut.

___ B Martin Luther leitet die Reformation ein.

___ C Der zweite Weltkrieg ist zu Ende.

___ D Angela Merkel wird zum ersten Mal gewählt.

___ E Die Berliner Mauer fällt.

8. Fit in Mathe?

Schreiben Sie die Rechenaufgaben in Wörtern aus.

1. 32 + 8 = ______ > ______________________________
2. 50 − 15 = ______ > ______________________________
3. 10 × 10 = ______ > ______________________________
4. 16 : 2 = ______ > ______________________________

9. Fit in Diagrammen?

Ergänzen Sie die Sätze mit den passenden Bruchzahlen.

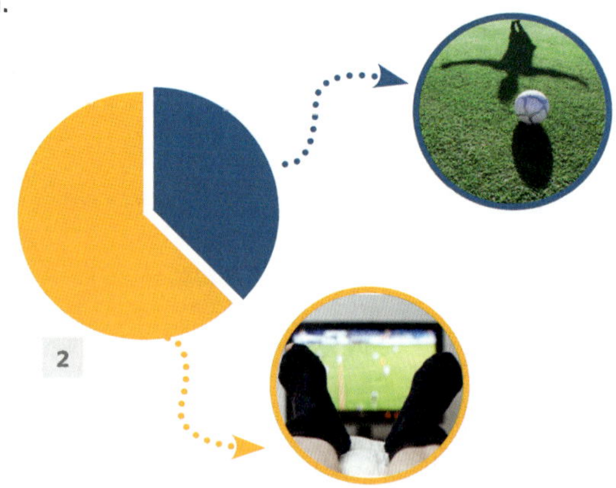

1. ______________ (1/4) der Deutschen ist Vegetarier.

   ______________ (3/4) essen gerne Fleisch.

2. ______________ (1/3) der Deutschen treibt gerne Sport.

   ______________ (2/3) schauen lieber Fußball im Fernsehen.

10. Ich hätte gern ...

Wer spricht? Vervollständigen Sie die Aussagen und ordnen Sie dann jedem Bild den passenden Satz zu.

____ A ... ______________ (1/4) Liter Wein.

____ B ... ______________ (1/2) Brot.

____ C ... ______________ (1 ½) Kilo Kartoffeln.

____ D ... ______________ (2 ½) Meter Stoff.

11. *Ein Paar oder ein paar?*

Ergänzen Sie die Sätze, indem Sie zwischen „Paar“ und „paar“ auswählen.

1 ein ______________ Handschuhe

2 ein ______________ Cent

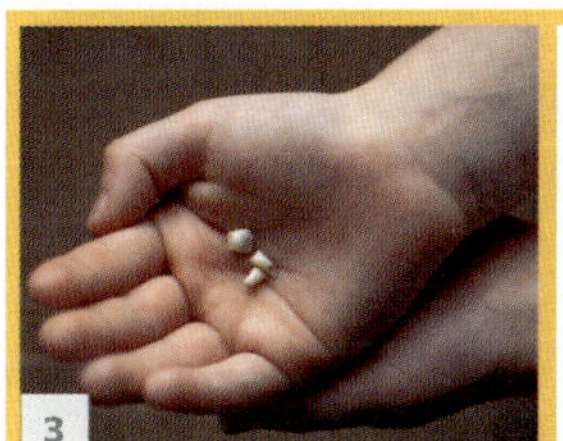

3 ein ______________ Zähne

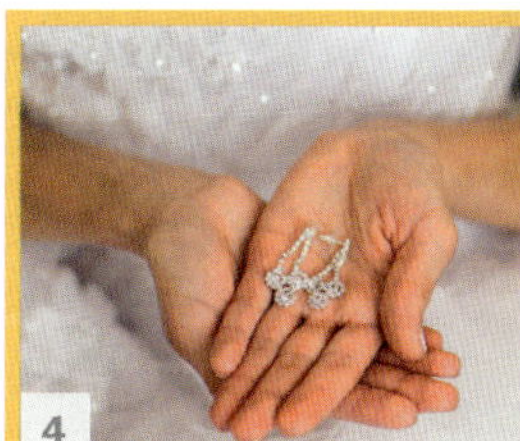

4 ein ______________ Ohrringe

12. Mengenangaben

Ordnen Sie die Produkte den passenden Mengenangaben zu.

Kilo

1

Liter

2

Gramm

3

Dutzend

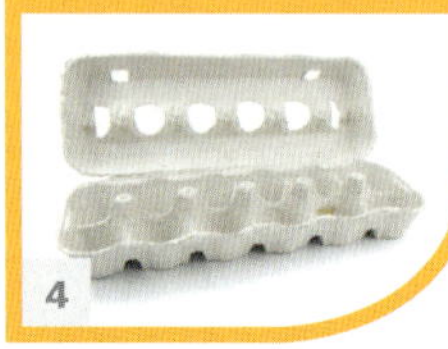

4

___ A Milch	___ C Eier	___ E Kartoffeln	___ G Wasser	___ I Äpfel
___ B Schinken	___ D Orangen	___ F Bier	___ H Käse	___ J Rosen

13. Wie viel kostet das?

Schreiben Sie die Preise aus.

1

23,49 €

____

2

-, 90 €

____

3

12.000 €

____

4

1.000.000 €

____

14. Maße

Ergänzen Sie die Sätze rund ums Auto und schreiben Sie die Maße aus. Die Angaben in den Boxen helfen Ihnen.

1. Mein Auto verbraucht 10 ______________ Benzin auf 100 ______________ .
2. Es fährt maximal 130 ____________________________ .
3. Es steht immer in der Garage. Diese ist 9 ________________ groß.
4. Die Garage ist so voll! Man kann sich keinen __________________ bewegen.

15. Noch mehr Zahlenspielerei

Formulieren Sie die Zahlenangaben aus.

1. Gestern habe ich (4x) __________________________ bei dir angerufen.
2. Ungefähr (1/3) __________________________ der Deutschen hält ein Haustier.
3. Ich bin (1,70 m) __________________________ groß.
4. Heute ist es sehr kalt: (-12°) __________________________.
5. Meine Wohnung ist (85 m^2) __________________________ groß.
6. Deutscher Wein enthält oft (13%) __________________ Alkohol.

16. Wo wohnst du?

Ergänzen Sie die fehlenden Ordnungszahlen, um das Stockwerk anzugeben.

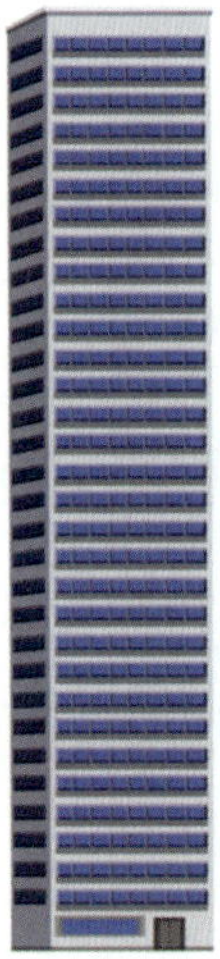

10. ______	11. ______	20. zwanzigste
9. ______	12. ______	21. ______
8. ______	13. ______	...
7. ______	14. ______	99. ______
6. ______	15. ______	100. ______
5. ______	16. ______	101. hunderterste
4. ______	17. ______	102. ______
3. dritte	18. ______	...
2. zweite	19. ______	1000. ______
1. erste		

17. Ordnungszahlen als Adjektive

Ergänzen Sie die Sätze mit den passenden Ordnungszahlen. Achten Sie auf die Adjektivendungen und schreiben Sie die Zahlen aus.

1. 4. 7. 9.

1

Die Hymne der Europäischen Union ist *Ode an die Freude* aus dem letzten Satz der ______ Sinfonie Ludwig van Beethovens.

2

Der April ist der ______ Monat im Jahr.

3

Nach der Bibel ist Adam das ______ menschliche Wesen.

4

Was ist der ______ Kalendertag, Samstag oder Sonntag?

18. Wo ist die Post?

Lesen Sie und ergänzen Sie die zwei Wegbeschreibungen unten mit den Ordnungszahlen aus den Klammern. Der Mann möchte zur Post gehen und fragt nach dem Weg. Welche Erklärung bringt ihn zum Ziel?

1

Sie müssen über die Brücke gehen und dann weiter geradeaus. Am Kreisverkehr müssen Sie die (2.) ____________ Straße rechts nehmen und weiter geradeaus. An der Ampel müssen Sie nach rechts abbiegen und die (3.) ____________ Straße links nehmen. Die Post ist um die Ecke.

2

Sie müssen über die Brücke gehen und dann weiter geradeaus. Am Kreisverkehr müssen Sie die (1.) ____________ Straße rechts nehmen und weiter geradeaus. An der (2.) ____________ Ampel müssen Sie nach links abbiegen und die (4.) ____________ Straße rechts nehmen. Da ist dann auch gleich die Post auf der linken Seite.

Erklärung Nr. ___ führt den Mann zum Ziel.

19. Wir sind zu ...

Schreiben Sie die Sätze unter die Bilder wie im Beispiel.

Wir sind zu fünft.

1

2

3

4

5

20. Aufgabenliste

Schreiben Sie die Zahl-Adverbien wie im Beispiel.

5.

6.

7.

8.

21. Feiertage

Schreiben Sie die Daten in Worten und ordnen Sie sie dann zu.

____ **A** Neujahr (01.01.)
der erste Januar

____ **B** Heilige Drei Könige (06.01.)
____

____ **C** Ostern (16.04.)
____

____ **D** Tag der Arbeit (01.05.)
____

____ **E** Tag der deutschen Einheit (03.10.)
____

____ **F** Erster Weihnachtstag (25.12.)
____

22. Daten

Schreiben Sie die Daten aus.

1. Welchen Tag haben wir heute? (31.03.) > *Wir haben den ...*
2. Wann bist du geboren? (05.04.) > *Am ...*
3. Der Wievielte ist heute? (14.10.) > *Der ...*
4. Wann habt ihr geheiratet? (07.07.) > *Am ...*
5. Wie lange ist das Büro geschlossen? (20.08-01.09.) > *Vom ...*

6 Die Pronomen

Was sind Pronomen?

Welche **Arten** von Pronomen gibt es?

Wofür kann ich sie verwenden?

Er war's!

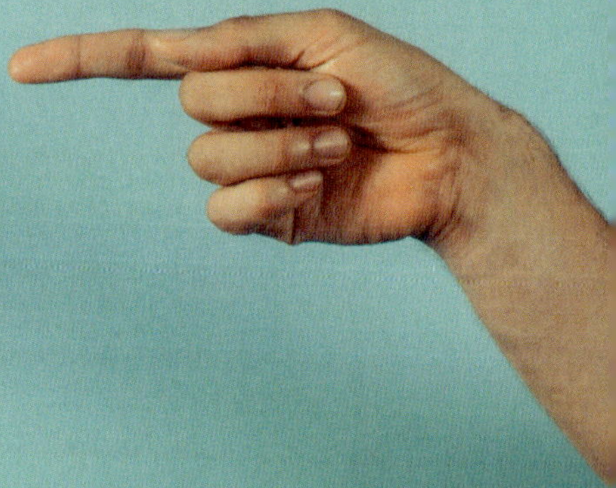

1. Wie heißt das?

Schreiben Sie die passenden Personalpronomen im Nominativ.

1. ______

2. ______

3. ______

4. ______

5. ______

6. ______

2. Eine Übersicht

Ergänzen Sie die Tabelle mit den fehlenden Personalpronomen im Akkusativ und Dativ.

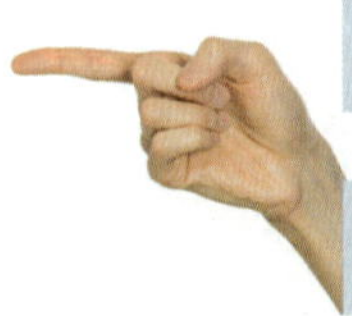

	AKKUSATIV	DATIV
ich	______	______
du	______	______
er/sie/es	______	______
wir	______	______
ihr	______	______
sie/Sie	______	______

3. Unsicherheit

Lesen Sie die Fragen und ergänzen Sie in den Antworten die passenden Pronomen anhand der Fragen.

Fragen		Antworten
Soll ich dem Kind das Buch vorlesen?		Ja, lies *es* *ihm* vor!
Soll ich den Eltern die Fotos zeigen?	**1.**	Ja, zeig ________ ________ !
Soll ich Stefan den Schlüssel geben?	**2.**	Ja, gib ________ ________ !
Soll ich Julia die Brille schenken?	**3.**	Ja, schenk ________ ________ !
Soll ich euch mein Auto verkaufen?	**4.**	Ja, verkauf ________ ________ !

4. *Sie* oder *du*?

Entscheiden Sie, wann sich die Leute wohl duzen oder siezen.

1

(anspielen)

________ mich ________!

2

(fahren)

________ immer geradeaus!

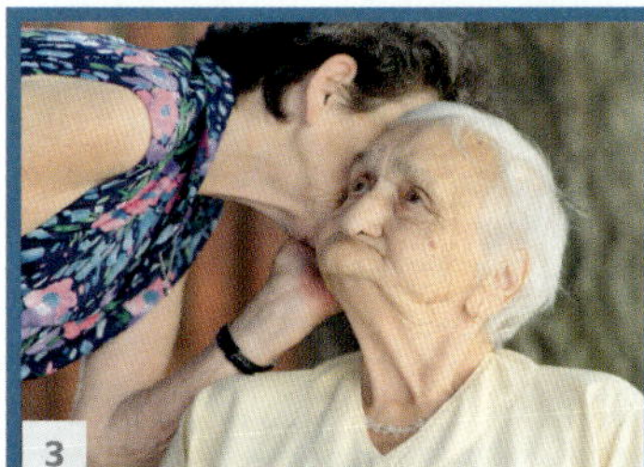

3

Frau Wagner, (können) ________ mich hören?

4

(abschreiben)

________ nicht von mir ________!

5. Das Wort *es* als Pronomen

Ergänzen Sie die Sätze und benutzen Sie dabei das Wort *es*. Unterstreichen Sie dann das Nomen, das Adjektiv oder den Satz, die durch das *es* ersetzt werden können.

Ich bin gegen Katzenhaare <u>allergisch</u>.
Bist du ___es___ auch?

1. Das ist mein Auto. Sollte ich ________ reparieren lassen?

2. Wusstest du ________ schon? Sarah ist meine neue Freundin!

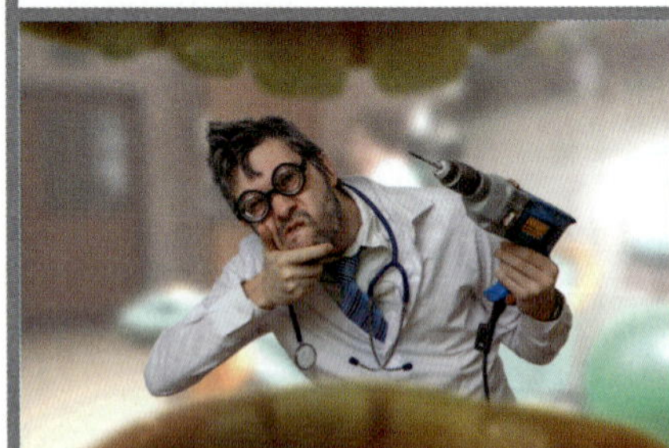

3. Mein Vater ist Zahnarzt.
Ich bin ________ auch.

ES

4. Andreas bleibt immer ruhig.
Sein Chef bleibt ________ nicht.

5. Wo ist mein Fahrrad?!?
________ wurde gestohlen...

6. Wir sind gesund und möchten ________ auch bleiben!

7. Ich mache keine Ferien mehr in der Schweiz, weil ________ zu teuer ist!

6. Das Wort *es* als formales Subjekt

Was sagen die Leute? Benutzen Sie die vorgegebenen Verben und schreiben Sie die Sätze mit dem Wort *es*.

1. ______________________.

2. ______________________.

tauen

klingeln

donnern

3. ______________________.

4. ______________________.

schwül sein

reichen

schneien

5. ______________________.

6. ______________________.

7. Echte, unechte oder reziproke Reflexivpronomen?

Tragen Sie die Verben in die entsprechende Gruppe ein: 1. Verben, die **nur reflexiv** gebraucht werden, 2. Verben, die **auch reflexiv** gebraucht werden können, 3. Verben, die eine **reziproke** Beziehung ausdrücken.

sich bedanken

sich treffen

sich verstehen

sich befinden

sich waschen

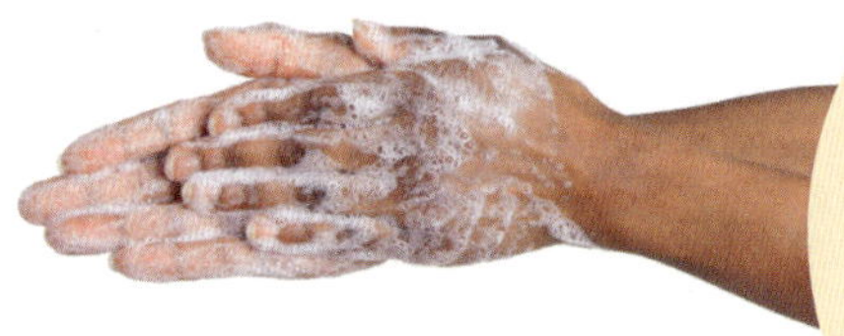

2

1

sich anziehen

sich verabschieden

sich helfen

sich freuen

sich erholen

sich wundern

3

sich kümmern

sich erinnern

sich verstecken

sich streiten

8. Akkusativ oder Dativ?

Ergänzen Sie die Sätze mit den Reflexivpronomen im Akkusativ oder Dativ.

1

(sich rasieren)
Ich ______________ die Beine.

(sich rasieren)
Ich ______________.

2

(sich waschen)
Ich ______________ die Haare.

(sich waschen)
Ich ______________.

3

(sich anziehen)
Du ______________ an.

(sich anziehen)
Du ______________ die Schuhe an.

9. *Einander*

Schreiben Sie die Sätze wie im Beispiel um.

Er wartet <u>auf</u> sie. — Sie warten *aufeinander*.

Ich weiß nicht viel <u>von</u> dir. — 1. Wir wissen nicht viel ______________.

Ihr wohnt <u>neben</u> uns. — 2. Wir wohnen ______________.

Er dachte viel <u>an</u> sie. — 3. Sie dachten viel ______________.

10. Tetris mit den Relativpronomen

Ergänzen Sie die Tabelle mit den passenden Relativpronomen.

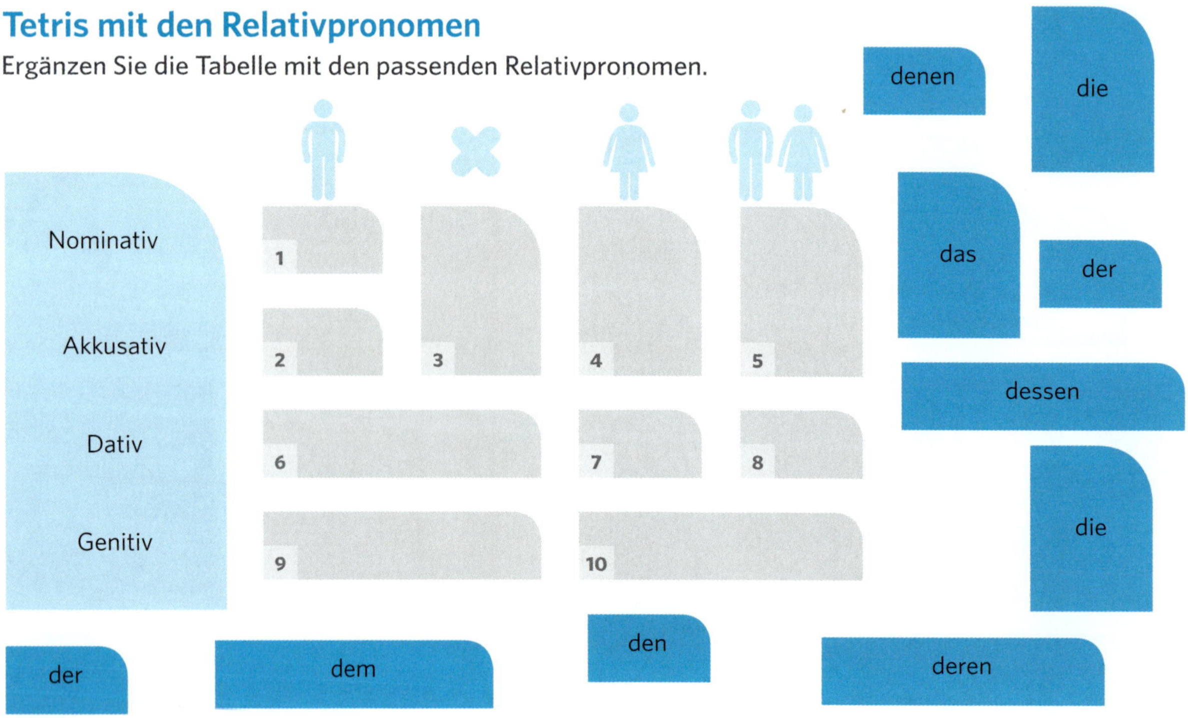

11. Verhör

Ergänzen Sie die Fragen mit den passenden Relativpronomen.

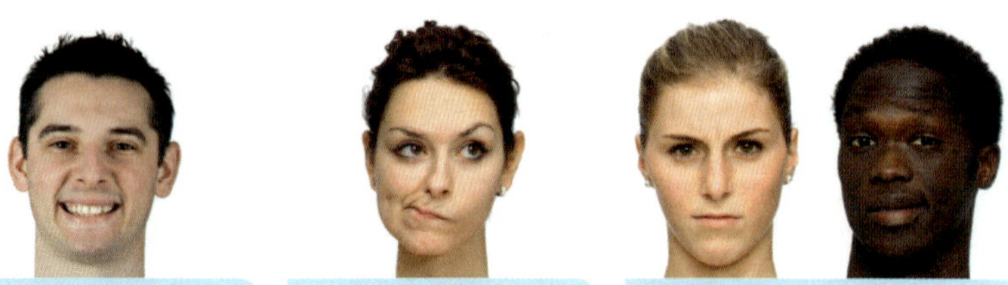

	Wer ist der Junge,	Wer ist die Frau,	Was sind das für Leute,	
1.	______	______	______	du gestern getroffen hast?
2.	______	______	______	mit dir arbeitet/arbeiten?
3.	______	______	______	Name/Namen ich vergessen habe?
4.	______	______	______	du viele E-Mails schreibst?

12. Fortsetzung

Verbinden Sie die Sätze links mit einem Foto und der passenden Fortsetzung.

A Ich habe mir ein Paar Schuhe gekauft, ...

___ E **wofür** er sich interessiert.

B Manche Menschen frieren nie, ...

___ F **die** sehr unbequem sind.

C Es gibt vieles, ...

___ G **in dem** ich arbeite.

D Das ist das Büro, ...

___ H **was** mich sehr wundert.

13. Ich suche eine Frau, ...

Vervollständigen Sie die Sätze mit den passenden Relativpronomen.

1. __________ mir viele Pizzas bringt.
2. __________ Leidenschaft die Gartenarbeit ist.
3. mit __________ ich anstreichen kann.
4. __________ die Fotografie gefällt.
5. __________ mir beim Umzug hilft.
6. __________ ich bewundern kann.

14. Erklärungen

Erklären Sie die Wörter, indem Sie Relativpronomen benutzen.

1. (Tiere, im Meer leben)
   Das sind __________________________.
2. (Schuhe, Sport treiben)
   Das sind __________________________.
3. (Bett, Kinder schlafen)
   Das ist ein ________________________.
4. (Hütte, Hunde leben)
   Das ist eine _______________________.

15. Relativpronomen oder Zusammensetzungen mit *-wo*

Ergänzen Sie die Sätze mit den passenden Relativpronomen.

Rom ist eine Stadt,

1. ________ ich nie leben würde.
2. ________ ich ein Buch geschrieben habe.
3. ________ ich mal wieder fahren möchte.

Es gibt nichts,

4. ________ ich spielen möchte.
5. ________ ich mich interessiere.
6. ________ ich denken will.

Sie hat die Prüfung bestanden,

7. ________ sie viel gelernt hat.
8. ________ sie sich sehr gefreut hat.
9. ________ sie viel Angst hatte.

16. Arztempfehlungen

Vervollständigen Sie die Sätze mit *wer*, *wen* oder *wem*.

1. ________ Sport nicht gefällt, der sollte spazieren gehen.
2. ________ Sport nicht interessiert, der sollte Fahrrad fahren.
3. ________ oft Sport treibt, lebt gesünder.

17. Die Deklination der Possessivartikel

Ergänzen Sie die Tabellen mit den passenden Possessivartikeln.

du

	maskulin	neutral	feminin	Plural
Nom.	dein Wein	dein Bier	deine Milch	deine Getränke
Akk.	______ Wein	______ Bier	______ Milch	______ Getränke
Dat.	______ Wein	______ Bier	______ Milch	______ Getränken
Gen.	______ Weins	______ Biers	______ Milch	______ Getränke

ihr

	maskulin	neutral	feminin	Plural
Nom.	euer Wein	euer Bier	eure Milch	eure Getränke
Akk.	______ Wein	______ Bier	______ Milch	______ Getränke
Dat.	______ Wein	______ Bier	______ Milch	______ Getränken
Gen.	______ Weins	______ Biers	______ Milch	______ Getränke

18. Los geht's!

Ergänzen Sie die Tabelle mit den passenden Possessivartikeln und Substantiven im Nominativ.
Im grünen Feld steht der Besitzer.

LOS! →	ihr eure Teller	wir _____	er _____
			sie (Sg.) _____
es _____	sie (Pl.) _____	du _____	ich _____
ich _____			
Sie _____	wir _____	du _____	ihr _____
			er _____
ZIEL! ←	Sie _____	sie (Sg.) _____	sie (Pl.) _____

19. Besitz und Eigentum

Ergänzen Sie die Sprechblasen mit den passenden Possessivartikeln. Passen Sie auf das Kasus auf!

20. Die Possessivpronomen

Beantworten Sie die Fragen anhand der Bilder (wie im Beispiel).

Wessen **Kinder** sind das?

Das sind seine!

Wessen **Schuld** ist das?

1. Das ist ______________!

Wessen **Spielzeuge** sind das?

2. Das sind ______________!

Wessen **Geld** ist das?

3. Das ist ______________!

21. Die Deklination der Demonstrativartikel

Ergänzen Sie die Tabellen mit den passenden Demonstrativartikeln.

1

	maskulin	neutral	feminin	Plural
Nom.	dieser Mann	dieses Gesicht	diese Nase	diese Haare
Akk.	_______ Mann	_______ Gesicht	_______ Nase	_______ Haare
Dat.	_______ Mann	_______ Gesicht	_______ Nase	_______ Haaren
Gen.	_______ Mannes	_______ Gesichts	_______ Nase	_______ Haare

2

	maskulin	neutral	feminin	Plural
Nom.	jener Kollege	jenes Hemd	jene Hose	jene Studenten
Akk.	_______ Kollegen	_______ Hemd	_______ Hose	_______ Studenten
Dat.	_______ Kollegen	_______ Hemd	_______ Hose	_______ Studenten
Gen.	_______ Kollegen	_______ Hemds	_______ Hose	_______ Studenten

22. Verschiedene Meinungen

Ergänzen Sie die Sätze mit den passenden Demonstrativartikeln, indem Sie zwischen den Formen von **dieser** und **jener** auswählen.

1. Gefallen dir __________ blauen Schuhe?

2. Nein, __________ grauen Stiefel mag ich lieber.

3. Gefällt dir __________ rosa Rock?

4. Nein, __________ blauen Jeans mag ich lieber.

5. Gefällt dir __________ Mantel?

6. Nein, __________ Daunenjacke mag ich lieber.

23. Demonstrativpronomen

Ergänzen Sie die Sprechblasen mit den passenden Demonstrativpronomen.

1. Welche Hose soll ich anziehen, _____ oder _____?

3. Welches Kleid soll ich kaufen, _____ oder _____?

2. Welche Blumen sind schöner, _____ oder _____?

24. Demonstrativpronomen *der, die, das*

Ergänzen Sie die Sätze mit den deklinierten Demonstrativpronomen **der**, **die**, **das**.

1. -Wo hast du denn das Telefon her?
-B: _____ habe ich auf dem Flohmarkt gekauft.

2. - Wer ist der Mann an der Tür?
- _____ kenne ich nicht.

3. - Was hältst du von Daniel?
- Mit _____ will ich nichts zu tun haben.

25. Solche Sätze

Sehen Sie sich die Bilder an und finden Sie die passenden Sätze. Ergänzen Sie sie dann mit den Formen von **solcher**.

2 A Ich habe solche Angst!

___ B Trotz ______ Wetters bin ich ausgegangen.

___ C Darf ich mit ______ Spielzeug spielen?

___ D ______ Tage sind zum Glück nicht häufig!

26. *Derselbe*

Ergänzen Sie die Tabelle.

	maskulin	neutral	feminin	Plural
Nom.	**derselbe** Mann	**dasselbe** Kind	**dieselbe** Frau	**dieselben** Leute
Akk.	______ Mann	______ Kind	______ Frau	______ Leute
Dat.	______ Mann	______ Kind	______ Frau	______ Leuten
Gen.	______ Mannes	______ Kindes	______ Frau	______ Leute

27. *Derselbe oder der gleiche?*

Ergänzen Sie die Sätze, indem Sie zwischen den Formen von **derselbe** oder **der gleiche** auswählen.

1 Sie machen ____________ Job.

2 Sie haben ____________ Unsicherheiten.

3 Sie nehmen ____________ Buch.

4 Sie fressen von ____________ Teller.

5 Sie haben ____________ Freund.

6 Sie befinden sich in ____________ Alter.

28. Formell

Wählen Sie die richtige Formen von **derjenige** aus.

1. Seine Kollegin ist **diejenige** / **diejenigen**, die immer recht haben will.
2. **Denjenigen** / **Demjenigen**, der meine Katze findet, gebe ich eine Belohnung.
3. Das Geschenk ist für **derjenige** / **denjenigen**, der Geburtstag hat.
4. Ich habe den Namen **derjenigen** / **desjenigen** heraus gefunden, den du suchst.

29. Beziehungskrise

Vervollständigen Sie die Fragen mit den passenden Interrogativpronomen.

30. Schwerhörig

Fragen Sie wie im Beispiel nach.

Ich freue mich auf die Ferien.

– *Worauf* freust du dich?

1. Ich warte auf eine Freundin.

   – ____________ wartest du?

2. Ich wohne bei meiner Tante.

   – ____________ wohnst du?

3. Ich spiele mit meiner Puppe.

   – ____________ spielst du?

4. Ich schreibe an seine Mutter.

   – ____________ schreibst du?

31. Definitionsfragen

Ergänzen Sie die Sätze, indem Sie zwischen den Formen von **welcher** (Auswahl aus einer bestimmten Menge) oder **was für ein** (allgemeine Frage) auswählen.

1. ________ Wein möchtest du trinken? Französischen oder italienischen?

Italienischen!

2. ________ Mensch ist euer Chef?

Ein Verrückter!

3. ________ deutsche Stadt wollt ihr besuchen? Berlin?

Nein, München!

4. ________ Fahrrad hast du gekauft?

Ein E-Bike!

32. *Alle*

Ergänzen Sie die Sprechblasen mit den passenden Formen von **alle/all-**.

1. Nicht _______ Deutschen sind pünktlich!

2. Du bist an _______ schuld!

3. Aua, mein Bauch tut weh! Ich habe _______ aufgegessen.

33. *Alle, mehrere, manche* oder *beide*?

Sehen Sie sich die Bilder an und finden Sie die passenden Sätze. Ergänzen Sie sie dann mit den entsprechenden Indefinitpronomen oder -artikeln in der richtigen Form.

_____ **A** Putz dir die _______ Zähne!

_____ **B** Nicht _______ Katzen sind wasserscheu!

_____ **C** Das hat _______ Stunden gedauert ...

_____ **D** _______ Leute haben immer Pech!

34. ***Welcher*** **oder** ***einer*** **oder** ***keiner*****?**

Ergänzen Sie die Sätze, indem Sie zwischen den Formen von **welch-**, **ein-** oder **kein-** auswählen.

1. Ich brauche noch Salz! Hast du ________?

2. – Habt ihr ein Auto?
– Nein, wir haben ________!

3. – Im Kühlschrank ist kein Käse mehr.
– Hm, es müsste noch ________ da sein.

4. Du hast so viele Spielsachen.
Gib mir wenigstens ________!

5. – Gibst du mir noch ein paar Äpfel?
– Ja, hier hast du ________.

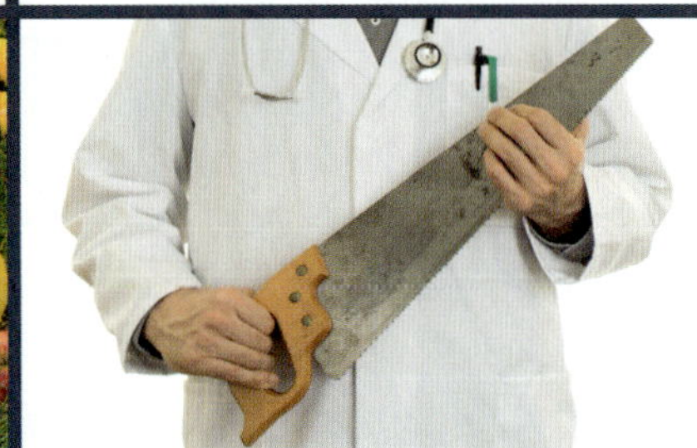

6. – Kennst du einen guten Arzt?
– Ja, ich kenne ________.

welch- > **NICHT ZÄHLBAR**

ein- (kein-) > **ZÄHLBAR**

35. *Irgendein*

Ergänzen Sie die Sprechblasen mit den passenden Formen von **irgendein-/irgendwelche**.

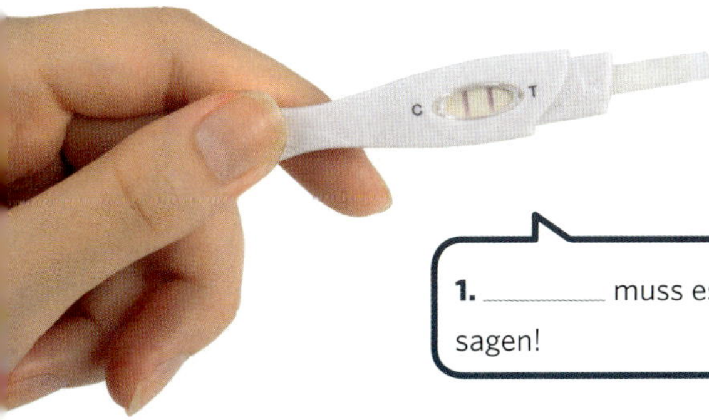

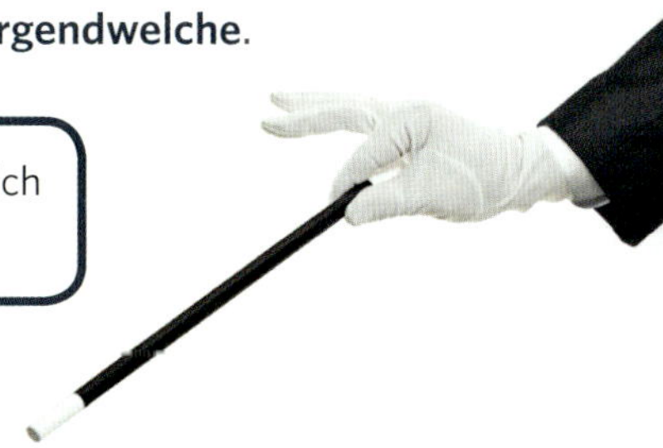

2. Hast du ______ Wunsch? Ich erfülle ihn.

1. ______ muss es ihm doch sagen!

3. Haben Sie ______ Fragen?

36. *Jeder, jede, jedes*

Ergänzen Sie die Sätze mit den passenden Formen von **jeder** als Pronomen oder als Artikel.

1 Das kann doch ______ mal passieren.

2 Wir haben ______ eingeladen.

3 Hier macht ______, was er will.

4 ______ Jahr fahre ich an die See.

37. Artikel oder Pronomen?

Sind die folgenden Indefinita hier Artikel oder Pronomen? Kreuzen Sie an.

	ALS ARTIKEL	ALS PRONOMEN
1. Ich habe **jedes** Verständnis dafür.	☐	☐
2. Er wohnt **einige** Häuser weiter.	☐	☐
3. Er hat **beides** verkauft, den Tisch und die Stühle.	☐	☐
4. Ich will **jeden** Tag Sport machen.	☐	☐
5. **Mehrere** stimmten dagegen.	☐	☐
6. Ich würde **manches** ändern.	☐	☐

38. *Ein paar* oder *ein Paar*?

Ergänzen Sie die Angaben, indem Sie zwischen **ein paar** oder **ein Paar** auswählen.

1

______ Schuhe

2

______ Bücher

3

______ Freunde

4

______ Ohrringe

39. *Etwas* oder *nichts*

Sehen Sie sich die Bilder an und finden Sie die passenden Sätze. Ergänzen Sie sie dann mit den entsprechenden Indefinitpronomen.

___ **A** Ich habe nie ________ Ähnliches gesehen!

___ **B** Ich habe ________ mehr zu essen.

___ **C** Kinder wollen immer mit ________ spielen.

___ **D** Ich glaube ________ von dem, was du erzählst.

40. *Man, jemand, niemand*

Ergänzen Sie die Sprechblasen mit der korrekten Form von **man**, **jemand** oder **niemand**.

2. Sie wartet seit Stunden auf ________.

1. Wir haben es ________ erzählt.

3. Der Stress macht ________ krank.

7 Die Wortbildung

Wie werden Wörter im Deutschen gebildet?

Auf **welche Besonderheiten** muss ich achten?

1. Wortkette

Ergänzen Sie die Wortkette. Schreiben Sie alle zusammengesetzten Wörter mit dem Artikel auf.

das Wechselgeld ____________

1. ____________
2. ____________
3. ____________
4. ____________

Wechsel	Geld				Wurm

Not ~~Wechsel~~ ~~Wurm~~ ~~Geld~~ Ohr Segel

2. Ableitungen mit Präfixen und Suffixen

Mit Hilfe welcher Präfixe bzw. Suffixe werden folgende Wörter gebildet? Unterstreichen Sie die Präfixe und Suffixe wie im Beispiel.

1. *verarbeiten*
2. *Haltbarkeit*
3. *gerostet*
4. *ungefährlich*
5. *Entsorgung*
6. *störend*

Präfix	Wortstamm	Suffix
un	*brauch*	*bar*

Neue Wörter kann man durch Änderung eines Grundwortes oder durch Kombination von Wörtern bilden.

3. Wortfamilien finden

Ordnen Sie die angegebenen Wörter den entsprechenden Wortfamilien zu.

Flug – einflussreich – ~~verreisen~~ – hielt – Weltreise – überflüssig – Reizbarkeit – Ausflug – Reizhusten – Flüssigkeit – Flügel – floss – hilfsbereit – Flugzeug – Helfer – Abreisedatum – ausreizen – Fluss – Reisepass – Verhältnis – nachgereist – Behälter – Hilfsmittel – Aufenthalt – fließend – Fliege – Einreiseverbot – reizend – Haltung – geholfen – flog – unterhaltsam – Anreiz – half – gereizt – Aushilfe

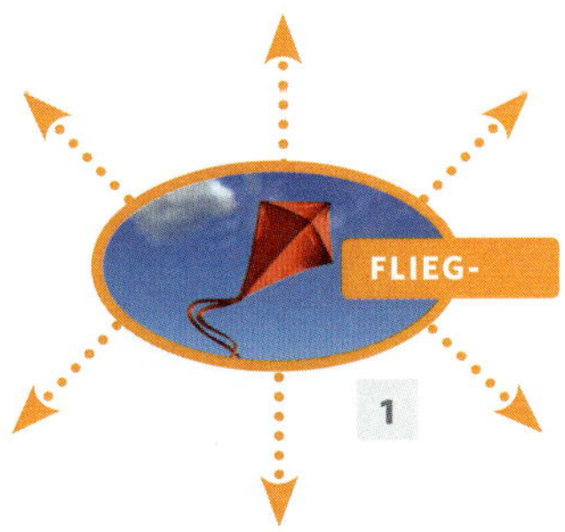

1

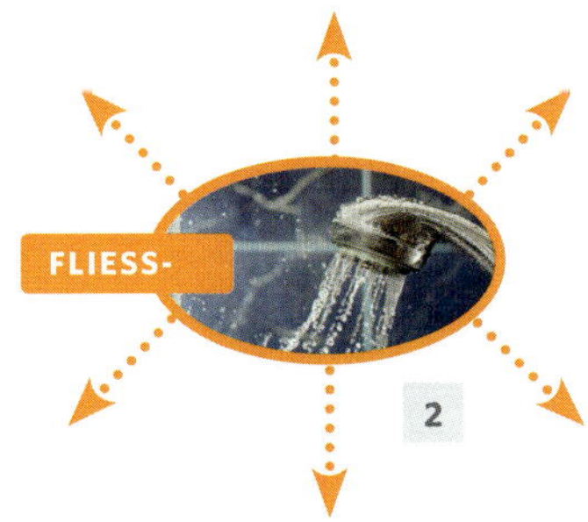

2

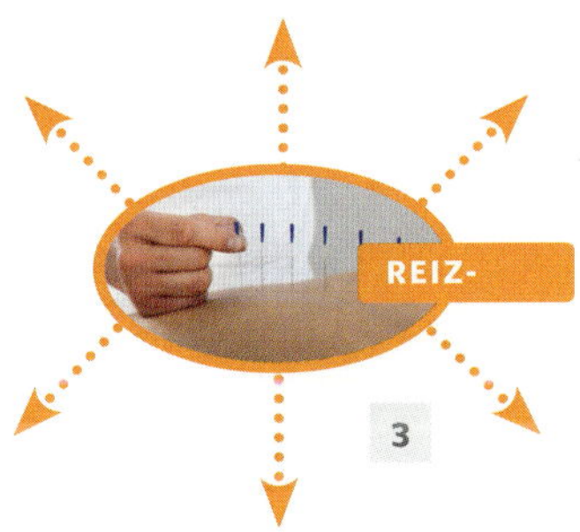

3

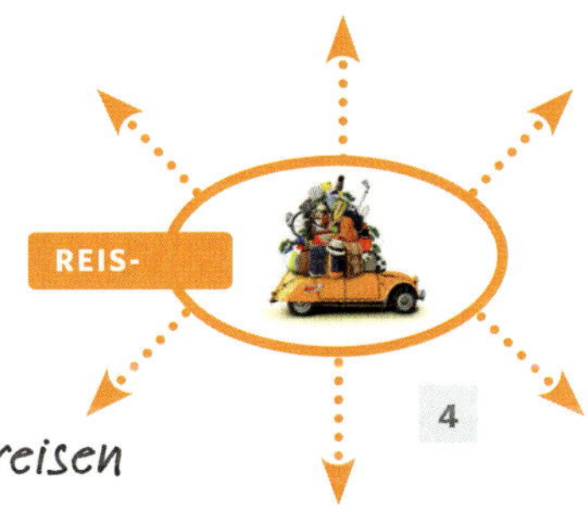

4

verreisen

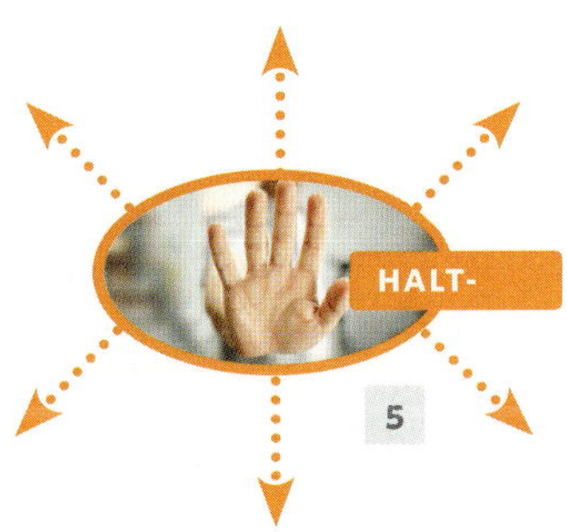

5

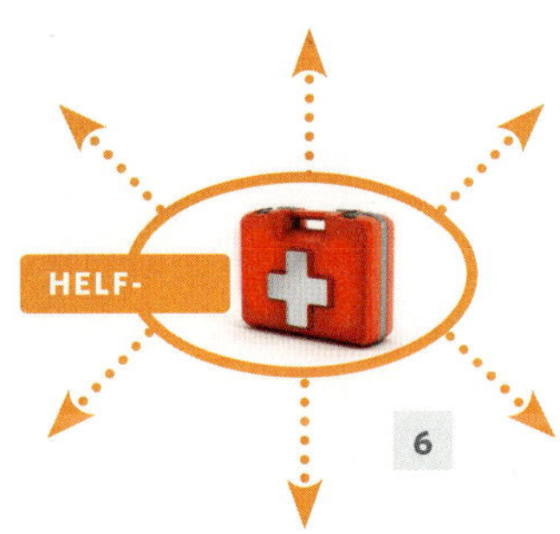

6

4. Präfix oder Suffix?

Werden die Ableitungen mit einem Präfix (P) oder einem Suffix (S) gebildet? Was ändert sich durch die Ableitungen?

schlafen

Schläfchen S ___C___

1. schlaflos ___
2. einschlief ___
3. Schläfer ___
4. schläfrig ___
5. schlafend ___
6. verschlafen ___
7. ausgeschlafen ___

A **Wortart**

B **Stammvokal**

C **Wechsel zwischen Vokal und Umlaut**

5. Ableitungen mit nicht trennbaren Präfixen

Ergänzen Sie die fehlenden Präfixe. Welche Bedeutungen haben sie?

A betont das Ergebnis einer Handlung

B etwas wird entfernt / entfernt sich

C etwas ist nicht korrekt oder nicht gut

D Ergebnis einer Tätigkeit; Beginn/Ende

E bezeichnet einen Gegensatz oder etwas Negatives

F etwas ist verschwunden oder falsch, wird repariert oder verbunden

G bezeichnet eine Zerstörung

be-

zer-

ver-

miss-

un-

ent-

er-

Was passiert, wenn man Gesetze miss achtet?

1 Wie ____ kommt man einer Lawine?

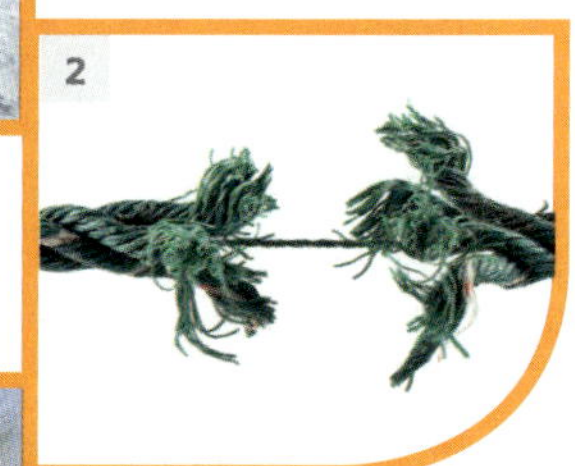

2 Warum ____ reißt das Seil, wenn man daran zieht?

3 Wie schnell ____ blüht eine Pusteblume?

4 Bekomme ich keine ____ mäßigung?

5 Ist das Universum ____ endlich groß?

6 Werde ich es irgendwann ____ greifen?

6. Ableitungen mit trennbaren Präfixen

Je ein Präfix und ein Verb passen zusammen. Finden Sie heraus, welche das sind. Ergänzen Sie die Sätze.

Trennbare Präfixe sind meist Präpositionen oder Adverbien und deshalb vom Verb trennbar!

zu- aus- vor-

-drehen -schließen -machen

Mach bitte das Fenster zu.

ab- her- mit-

-haben -tragen -halten

1. Wo ______ sie diesen schönen Hut ____?

bei- hin- auf-

-ziehen -fallen -sehen

2. ______ Ihnen etwas ____?

an- über- nach-

-ruhen -schlafen -denken

3. Er ______ über seine Lage ______.

weg- her- hin-

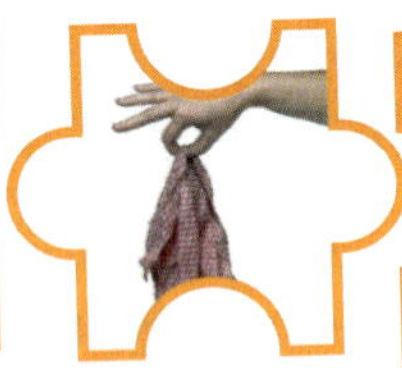

-werfen -waschen -suchen

4. Warum ______ ihr das nicht einfach _____?

ab- an- los-

-laufen -kommen -gehen

5. Es ______ bald______.

aus- zu- vor-

-nehmen -suchen -kaufen

6. ______ Sie sich einen ______.

ein- zu- hinein-

-bereiten -kochen -braten

7. Wir ______ heute etwas Exotisches______.

7. Trennbar oder nicht?

Nicht alle Präfixe sind trennbar. Kreisen Sie die trennbaren ein. Kombinieren Sie die trennbaren Präfixe mit folgenden Verben.

ver- zurück- ab- vor- an- zer- auf- aus- mit- zu- be- miss- bei- ent-

zupfen	*abzupfen*
wachsen	
stehen	

8. Hier fehlt doch was!

Setzen Sie die Präfixe in die Lücken ein.

Hör mir genau *zu* ____.

1. Setz die Brille ____.
2. Komm doch ____.
3. Geh einen Schritt ____.
4. Fass nichts ____.
5. Steig ____.
6. Vertraue mir, ich stehe dir ____.

mit- an- auf- ein- zu- bei zurück-

9. Ableitungen mit Suffixen

Von welchen Verben stammen diese Berufsbezeichnungen?

Sänger *singen*

1. Bäckerin ____________

2. Tänzerinnen ____________

3. Jäger ____________

4. Maler ____________

5. Forscher ____________

10. Alles klein!

Bilden Sie Verkleinerungsformen mit dem Suffix *-chen*. Manchmal müssen Sie einen Umlaut ergänzen.

der Bagger › *das Baggerchen*

1. die Leiter ____________
2. der Stein ____________
3. die Schaufel ____________
4. der Mann ____________
5. der Eimer ____________

11. Wie die Mutter, so die Tocher!

Bilden Sie Adjektive mit den Suffixen -ig, -isch, -lich, -sam und -haft. Manchmal kommen andere Arten der Wortbildung wie Zusammensetzungen mit einem Substantiv oder einem Präfix hinzu.

Verbstamm > Adjektiv

Die Mutter **zankt** gern.
Die Tochter ist auch zänkisch.

1. Die Mutter **quengelt** oft.
 ______
2. Die Mutter **schweigt** nie.
 ______
3. Über die Mutter kann man manchmal nur **lachen**.
 ______
4. Die Mutter **sucht** immer **Streit**.
 ______
5. Die Mutter kann man nicht **ertragen**.
 ______
6. Die Mutter ist manchmal ein echtes **Ekel**.
 ______

12. Ich sehe was, was du nicht siehst, und das ist …

Substantiv > Adjektiv

Bilden Sie Adjektive von Substantiven. Manchmal gibt es mehrere Möglichkeiten.

lust - *ig*.

1. wunder - ____.
2. gespenst - ____.
3. fabel - ____.
4. kunst - ____.
5. witz - ____.

13. Wie muss es heißen?

... - los, -frei oder -leer?

sprach *los*

1

menschen____

2

sorgen____
sorg____

3

halb____

4

humor____

5

alkohol____

14. Was passt?

... - voll oder -reich? Achtung: Bei manchen Ableitungen muss der letzte Buchstabe getrichen oder ein -s- eingefügt werden!

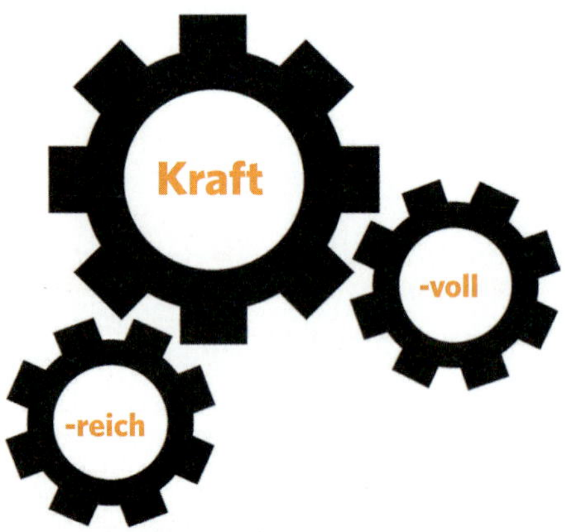

kraftvoll

1. Tradition ____
2. Einfluss ____
3. Liebe ____
4. Hilfe ____
5. Abwechslung ____
6. Sinn ____
7. Gehalt ____

15. Und hier?

Wie sagt man: -fest, -wert oder -arm?

	-FEST	- WERT	- ARM
biss-	☒	☐	☐
1. salz-	☐	☐	☐
2. preis-	☐	☐	☐
3. bewunderns-	☐	☐	☐
4. kalorien-	☐	☐	☐
5. rutsch-	☐	☐	☐
6. eisen-	☐	☐	☐
7. feuer-	☐	☐	☐

16. Die Zusammensetzungen (Komposita)

Bestimmen Sie die Wortart der zusammengesetzten Wörter und ergänzen Sie bei Substantiven auch *der*, *die* oder *das*.

> Das **letzte Wort**, Grundwort genannt, bestimmt die Wortart und bei Substantiven auch das Genus des neuen Wortes.

> Das **erste Wort**, Bestimmungswort genannt, erklärt das letzte Wort meist genauer.

teilmöbliert

Adjektiv

1. Katzenwäsche

2. schweineteuer

3. Multitalent

4. Schwerelosigkeit

5. Klammeraffe

6. eiskalt

7. bergsteigen

8. Schlammbad

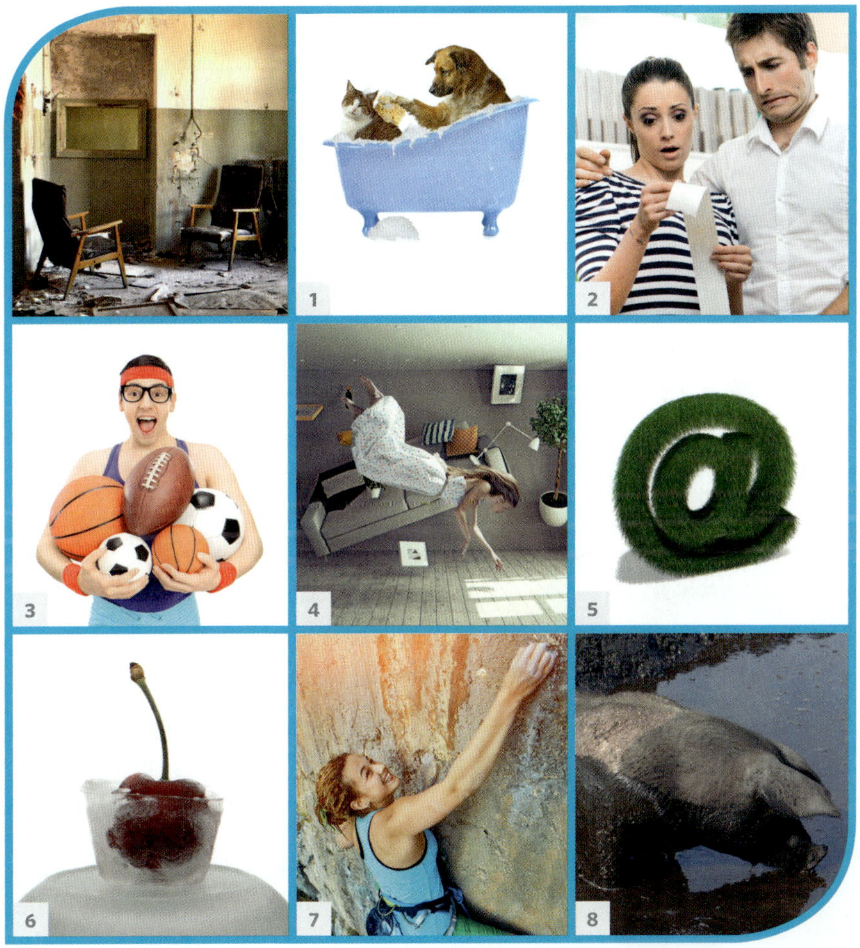

17. Das zusammengesetzte Substantiv

Bilden Sie Komposita mit Hilfe passender Fugenelemente.

das Insekt + **das Hotel**

1. das Glück + der Pilz ______________________
2. das Pferd + der Balsam ______________________
3. der Nerv + die Säge ______________________
4. die Schönheit + der Schlaf ______________________
5. der Stern + das Zelt ______________________
6. das Bad + der Mantel ______________________
7. die Kette + die Reaktion ______________________

Um das neue Wort besser aussprechen zu können, werden oft Verbindungsbuchstaben zwischen Grundwort und Bestimmungswort gesetzt: die **Fugenelemente**.

18. Was passt zusammen?

Ordnen Sie zu.

Adjektiv + Substantiv

1. - zug
   - ☐ A Modern-
   - ☐ B Zügig-
   - ☐ C Schnell-
2. - geschwindigkeit
   - ☐ A Höchst-
   - ☐ B Größt-
   - ☐ C Meist-
3. - fahrer
   - ☐ A Blau-
   - ☐ B Schwarz-
   - ☐ C Illegal-

19. Und hier?

Verbinden Sie die passenden Wortteile.

Verbstamm + Substantiv

1. gießen ___ A der Hund = ___
2. kratzen 1 B die Kanne = die Gießkanne
3. spüren ___ C die Woche = ___
4. waschen ___ D das Gummi = ___
5. kehren ___ E der Melder = ___
6. kauen ___ F der Bär = ___
7. rauchen ___ G die Spuren = ___

20. Genau anders!

Nennen Sie das Gegenteil.

Präposition + Substantiv

1. Vormittag - ___
2. Unterführung - ___
3. Ausland - ___
4. Einfahrt - ___

8 Die Präpositionen

Was sind Präpositionen?

Wofür benötige ich sie?

Welche **Arten** von Präpositionen gibt es?

über
unter

Präpositionen **setzen** Wörter oder Wortgruppen zueinander in **Beziehung** und drücken ein **Verhältnis** zwischen ihnen aus.

1. Bedeutung der Präpositionen

Was kann man heute gewinnen? Welche Bedeutungen haben die Präpositionen? Ordnen Sie zu.

lokal (Wo?)

direktional (Wohin?)

kausal (Warum?)

temporal (Wann?)

modal (Wie?)

final (Wozu?)

2. Stellung der Präpositionen

Werden die Präpositionen vor- oder nachgestellt?

entlang

... den Fluss ...

aus

... reiner Neugier ...

zuliebe

... der Umwelt ...

ohne

... meine Brille ...

halber

... der Sicherheit ...

über

... den ganzen Tag ...

nach

... meiner Meinung ...

wegen

... des Schutzes ...

außerhalb

... der Zivilisation ...

3. Umschließende Präpositionen

Ergänzen Sie die fehlenden Präpositionen. Welcher Satz passt zu welchem Bild?

1. Ich wusste es ____ Anfang ____!
2. ____ mir ____ gerne!
3. Manchmal ist es besser, ____ dem Bauch ____ zu entscheiden!
4. Sie sitzen ____ den Tisch ____.

Um Himmels willen!

um – willen

A

von – an

B

von – aus

C

um – herum

D

aus – heraus

4. Verschmelzung der Präpositionen mit dem bestimmten Artikel

Welche Wörter sind in den folgenden Sätzen miteinander verschmolzen?

Gestern waren wir **im** Kino.

in – dem

1. Das Kino liegt **am** Markt.
2. Der Film war **zum** Gähnen langweilig.
3. Morgen fahren wir lieber **aufs** Land.

Einige Präpositionen können mit dem **bestimmten Artikel** zu einem Wort **verschmelzen**.

5. Präpositionen mit Akkusativ - Zeitangaben

Beantworten Sie die Fragen. Verwenden Sie dabei die in Klammern angegebenen Wortverbindungen mit den passenden Präpositionen.

gegen ~~um~~ für bis

- Wann hat es angefangen?
- (10:46 Uhr) - *Um 10:46 Uhr.*

1. • Wie lange dauert es noch?
   • (heute Abend) - ______________________
2. • Ich muss aber kurz mal weg.
   • Für wie lange?
   • (etwa eine Stunde) - ______________________
3. • Wann bist du wieder da?
   • (Mittag) - ______________________

6. Präpositionen mit Akkusativ - Ortsangaben

Ergänzen Sie die passenden Präpositionen.

~~durch~~ entlang gegen um

Der Delfin springt *durch* den Ring.

1 Der Delfin gleitet das Korallenriff ________ .

2 Der Delfin kreist ________ den Steg herum.

3 Delfine schwimmen ________ die Strömung.

7. Präpositionen mit Akkusativ - Zielangaben

SInd Sie dafür oder dagegen? Beantworten Sie die Fragen.

Ich bin für/gegen Gentechnik in Lebensmitteln.

1. ______________________

2. ______________________

3. ______________________

Gentechnik in Lebensmitteln

alternative Energien

Tempolimit auf der Autobahn

autofreie Städte

8. Präpositionen mit Akkusativ - Modalangaben

Entscheiden Sie, welche Präposition passt: **ohne** oder **durch**.

durch

Diese Früchte werden ohne/<u>durch</u> den Wind verbreitet.

1. Ein Hamburger ohne/durch Belag schmeckt nicht.
2. Radfahren ohne/durch Helm ist gefährlich.
3. Das Paket wurde ohne/durch einen Boten zugestellt.
4. Er kann schon ohne/durch Schwimmflügel schwimmen.
5. Viele wichtige Dinge wurden ohne/durch Zufall entdeckt.

ohne

9. Präpositionen mit Dativ

Welche Bedeutungen haben die Präpositionen?

a) Ordnen Sie zunächst die Präpositionen den Bedeutungen zu. Achtung! Manchmal passen mehrere Präpositionen. Andere Präpositionen haben mehrere Bedeutungen.

b) Ergänzen Sie anschließend die Sätze mit den passenden Präpositionen.

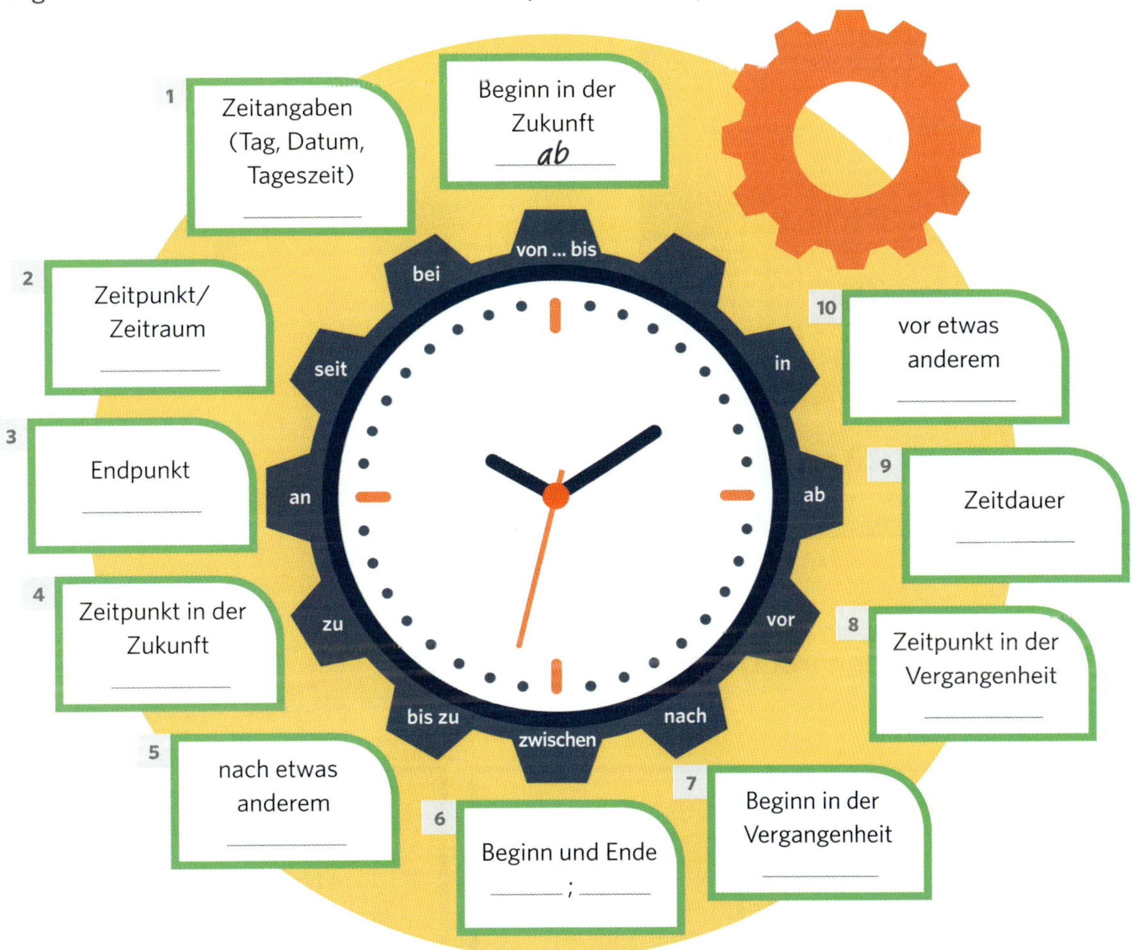

Ab Montag rauche ich nicht mehr!

1. Es geschah ______ einem kalten Wintertag.
2. Er hat sich ______ letzten Training verletzt.
3. Ich gebe dir noch ______ Jahresende Zeit.
4. Die Mittagspause ist erst ______ einer Stunde.
5. Lass uns ______ dem Essen spazieren gehen.
6. Wir kennen uns ______ langem.
7. Das Restaurant ist ______ Montag ______ Freitag geschlossen.
8. ______ dem Flug werde ich immer nervös.
9. Sie war ______ dieser Zeit noch nicht berühmt.
10. Es gab ______ den zwei Sendungen keine Werbung.

10. Präpositionen mit Dativ

Hier haben sich einige lokale Präpositionen versteckt, die mit dem Dativ verwendet werden. Welche davon sind Präpositionen des Ortes (wo? - 1), welche Präpositionen der Richtung (woher / wohin - 2)?

k	g	o	s	z	u	p
b	e	i	l	t	g	u
a	g	g	v	x	v	m
d	e	q	b	n	o	k
e	n	t	l	a	n	g
y	ü	p	ö	c	m	o
a	b	i	l	h	z	h
h	e	r	k	m	f	w
z	r	w	n	a	u	s

1. ______________

____

____

____

2. nach

____

____

____

11. Präpositionen mit Dativ

Welche Präposition passt? Kreuzen Sie an.

Dieser Platz ist … Frankfurt reserviert.
- ☐ **A** zu
- ☒ **B** ab
- ☐ **C** bei

1. Er saß mir … .
- ☐ **A** bei
- ☐ **B** entlang
- ☐ **C** gegenüber

2. Ich gehe … meiner Oma.
- ☐ **A** ab
- ☐ **B** nach
- ☐ **C** zu

3. … dieser Veranstaltung möchte ich dabei sein.
- ☐ **A** von
- ☐ **B** bei
- ☐ **C** ab

12. Präpositionen mit Dativ

Ergänzen Sie die passenden Präpositionen **mit** oder **nach**.

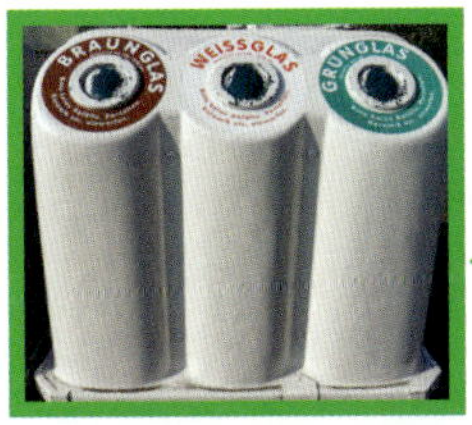

mit

nach

nach Farbe trennen

1

_____ dem Fahrrad um die Welt fahren

2

Speisen _____ Art des Hauses servieren

3

_____ bestem Dank

4

_____ großem Interesse

5

Malen _____ Zahlen

13. Präpositionen mit Dativ

a) Verbinden Sie die Farbbezeichnungen mit den passenden präpositionalen Ausdrücken.

b) Ergänzen Sie anschließend die folgenden Sätze.

1 blau

2 gelb

3 schwarz

4 rot

_____ A **vor Wut**

_____ B **vor Kälte**

4 C **vor Scham**

_____ D **vor Neid**

Es war ihr so peinlich, sie wurde *rot vor Scham*.

1. Als er das Haus seines Bruders sah, wurde er _____.
2. Immer, wenn man ihn ärgert, wird er _____.
3. Er kam von draußen rein und war _____.

14. Präpositionen mit Dativ

Wählen Sie die passende Präposition.

aus vor

Sie log aus/vor Überzeugung.

1. Aus/Vor Einsamkeit wurde sie fast wahnsinnig.
2. Aus/Vor eigener Erfahrung kann ich sagen, dass es nichts bringt.
3. Sie heulte aus/vor Freude, als sie die Nachricht bekam.
4. Sie war aus/vor Begeisterung ganz außer Atem.
5. Sie schrie auf aus/vor Schreck.
6. Sie tat es nur aus/vor Gewohnheit.

15. Präpositionen mit Genitiv

Welche Präposition passt? Ergänzen Sie die Sätze. Manchmal gibt es mehrere Möglichkeiten.

Während eines Sturms sollte man nicht schwimmen!

1. Die Sprache sollte man nicht nur im Kurs, sondern auch ______ des Unterrichts lernen.
2. Sie sollten ______ unserer Geschäftszeiten kommen.
3. Reisen ______ der Urlaubszeit sind sehr teuer.
4. Wir melden uns ______ der nächsten Tagen bei Ihnen.
5. Wir müssen uns darüber ______ der Besprechung unterhalten.

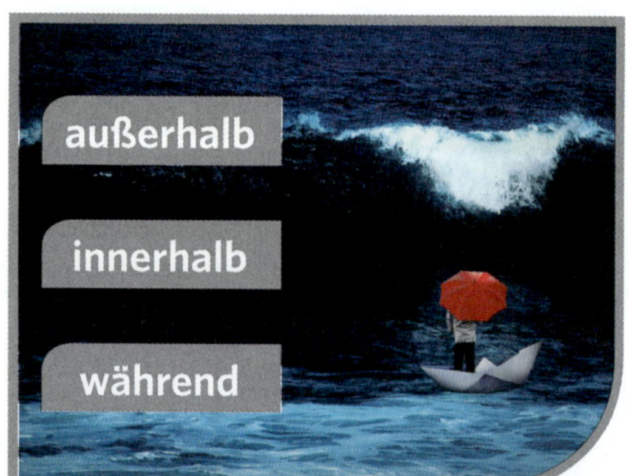

16. Präpositionen mit Genitiv

Ergänzen Sie die Präpositionen **innerhalb** oder **außerhalb**.

Das Einwerfen von Flaschen ist nur *innerhalb* der angegebenen Zeiten erlaubt!

1. Das Parken ________ der Markierung ist verboten!

2. Das Rauchen ist nur ________ des Gebäudes erlaubt!

3. Das Feuermachen ________ des Parkgeländes ist verboten!

---

17. Präpositionen mit Genitiv

Warum passieren manche Dinge? Vervollständigen Sie die vorgegebenen Sätze. Verwenden Sie dabei die Präpositionen **aufgrund/infolge**.

mangelnde Aufmerksamkeit

Unfälle passieren *infolge mangelnder Aufmerksamkeit.*

ein Polizeieinsatz

1. ________________ kommt es zu Verspätungen.

das schlechte Wetter

2. ________________ konnte sie nicht kommen.

die Klimaerwärmung

3. Die Gletscher schmelzen ________________

das Gewitter

4. ________________ kam es zu Stromausfällen.

ein Virus

5. ________________ kam es zu einem Computerabsturz.

18. Die Wechselpräpositionen

Bilden Sie Sätze. Ergänzen Sie die passende Wechselpräposition und, wenn nötig, den Artikel.

Einige Präpositionen können **zwei verschiede Kasus** verlangen.

Wenn man einen **Standort** (**Wo**?) angibt, benutzt man die Präpositionen mit dem **Dativ**.

an **hinter** **in** **auf** **über** **neben** **unter** **vor** **zwischen**

Lehrer • stehen • Klasse

Der Lehrer steht vor der Klasse.

1. Tafel • hängen • Wand

____

2. Daniela • sitzen • Katharina

____

3. Tanja • halten • Stift • Hand

____

4. Jörg • sitzen • Josef und Fidel

____

5. Tims Kaffee • stehen • Tisch

____

6. Manuels Hefte • liegen • Laptop

____

7. Hanna • sitzen • Robert

____

8. Kamera • sein • Klasse

____

19. Die Wechselpräpositionen

Wohin gehen die Leute?

in den Streichelzoo **in** >

1. ____________ **auf** >

2. ____________ **über** >

3. ____________ **unter** >

4. ____________ **vor** >

Wenn man eine **Richtung** (**Wohin**?) angibt, benutzt man die Präpositionen mit dem Akkusativ.

20. Die Wechselpräpositionen

Ergänzen Sie nach den Präpositionen die fehlenden Artikel.

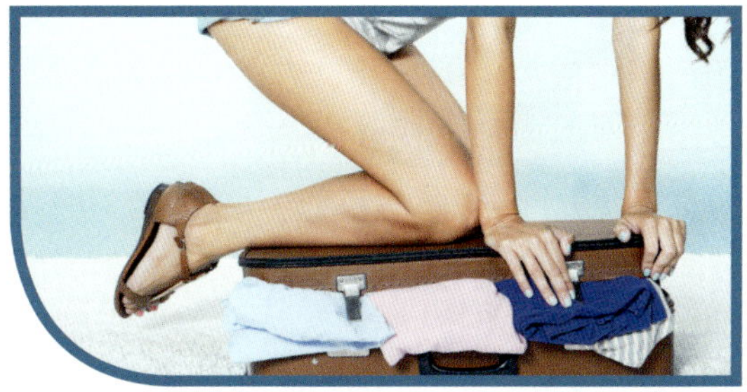

Monika legt die Kleidung **in** den Koffer.
In dem Koffer ist nicht viel Platz.

1. Die Katze springt **auf** ______ Fensterbrett. **Auf** ______ Fensterbrett stehen Blumen.

2. Wir fahren **an** ______ Ostsee. **An** ______ Ostsee waren wir noch nie.

3. Ich möchte den Tisch **vor** ______ Sofa stellen. **Vor** ______ Sofa steht aber schon der Fernseher.

4. Ich bin mir sicher, dass ich den Geldschein **zwischen** ______ Bücher gesteckt habe. **Zwischen** ______ Büchern ist er aber nicht mehr.

5. Irgendjemand hat schon wieder einen Ball **hinter** ______ Zaun geschossen. **Hinter** ______ Zaun liegen schon viele Bälle.

6. Ich habe Angst, mich **unter** ______ Brücke zu stellen. **Unter** ______ Brücke ist es immer dunkel.

21. Der Gebrauch der lokalen Präpositionen

Freunde wollen immer wissen, wo man ist. Beantworten Sie ihre Fragen. Achten Sie darauf, dass die Lokalangaben im Dativ stehen.

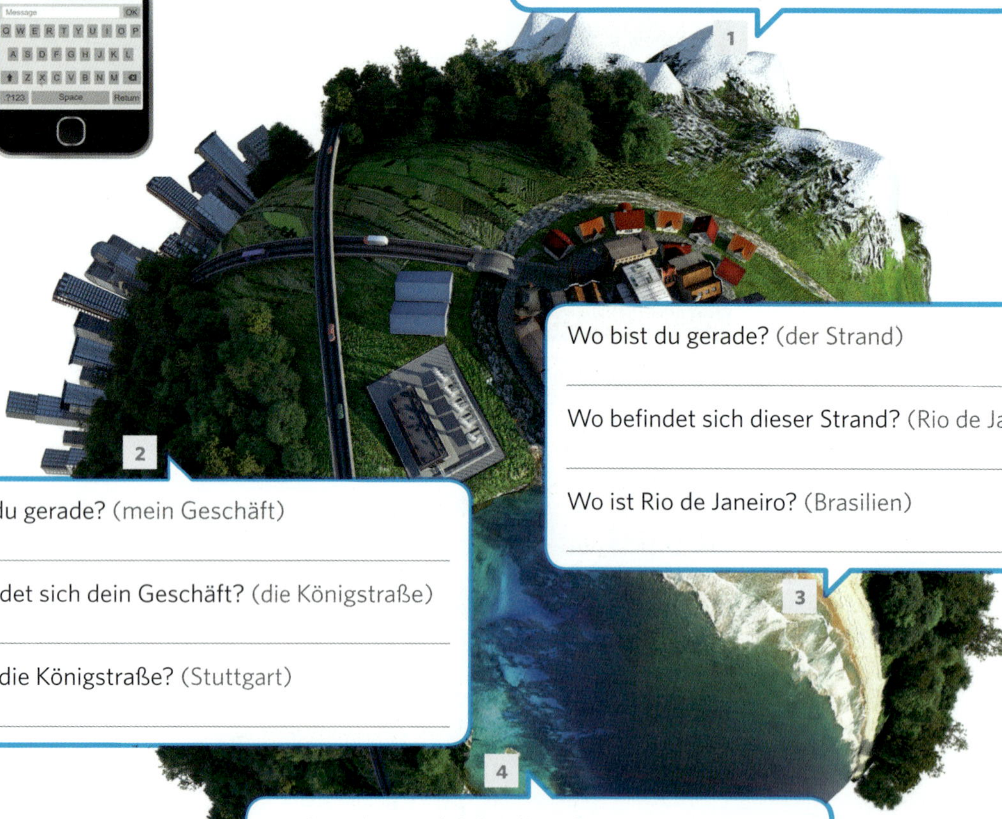

1

Wo bist du gerade? (die Zugspitze)

____

Wo ist das? (Bayern)

____

Wo liegt Bayern? (Deutschland)

____

2

Wo bist du gerade? (mein Geschäft)

____

Wo befindet sich dein Geschäft? (die Königstraße)

____

Wo liegt die Königstraße? (Stuttgart)

____

3

Wo bist du gerade? (der Strand)

____

Wo befindet sich dieser Strand? (Rio de Janeiro)

____

Wo ist Rio de Janeiro? (Brasilien)

____

4

Wo bist du gerade? (Mallorca)

____

Wo liegt Mallorca? (das Mittelmeer)

____

22. Der Gebrauch der lokalen Präpositionen

Freunde wollen nicht nur wissen, wo man ist, sondern auch, wohin man noch gehen möchte. Beantworten Sie die Fragen. Achten Sie darauf, dass die Lokalangaben sowohl im Dativ als auch im Akkusativ stehen können.

1

Wo bist du gerade? (das Flugzeug)

___

Wohin fliegst du? (Jamaika)

___

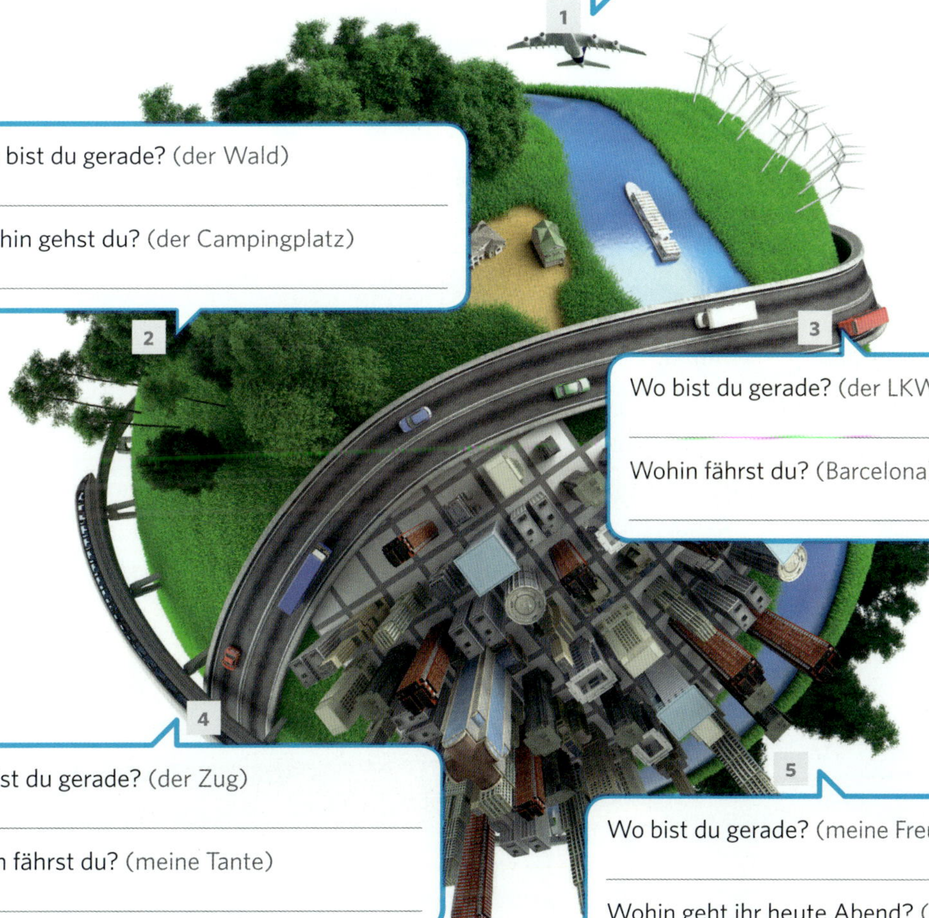

2

Wo bist du gerade? (der Wald)

___

Wohin gehst du? (der Campingplatz)

___

3

Wo bist du gerade? (der LKW)

___

Wohin fährst du? (Barcelona)

___

4

Wo bist du gerade? (der Zug)

___

Wohin fährst du? (meine Tante)

___

5

Wo bist du gerade? (meine Freundin)

___

Wohin geht ihr heute Abend? (die Disko)

___

9 Die Adverbien

Was sind Adverbien?

Wofür benötige ich sie?

Welche Arten gibt es?

Nachts sind
alle Katzen grau.

1. Typen von Adverbien

Man kann Adverbien nach ihrer Bedeutung in Gruppen einteilen. Zu welchen Gruppen gehören die Adverbien in den folgenden Sätzen?

_A_ Man soll sich zweimal am Tag die Zähne putzen.

___ Schau mal da vorne!

___ Es ist nämlich wichtig, viel Wasser zu trinken.

___ Es tut mir wirklich leid!

1

2

3

___ Das da soll Glück bringen.

A **Temporaladverb**

B **Modaladverb**

C **Lokaladverb**

D **Kausaladverb**

E **Adverb der Bedingung**

___ Früher war nicht alles besser.

4

5

___ Was soll ich nun tun?

___ Besonders gerne trinke ich Tomatensaft.

___ Sie ist äußerst erstaunt.

___ Kaffee muss heiß sein, sonst schmeckt er nicht.

6

7

8

9

2. Eigenschaften der Adverbien

Worüber geben die Adverbien in den folgenden Sätzen Auskunft? Markieren Sie das Wort und bestimmen Sie dessen Wortart.

Adverbien dienen dazu, **Substantive**, **Verben**, **Adjektive** oder andere **Adverbien** näher zu bestimmen.

SEINE OHREN SIND **SEHR** LANG.

- ☐ A Substantiv
- ☐ B Verb
- ☒ C Adjektiv
- ☐ D Adverb

1

ER WARTET **UNGEDULDIG** AUF DAS ESSEN

- ☐ A Substantiv
- ☐ B Verb
- ☐ C Adjektiv
- ☐ D Adverb

- ☐ A Substantiv
- ☐ B Verb
- ☐ C Adjektiv
- ☐ D Adverb

2

UNTERSCHREIBEN SIE BITTE **LINKS** UNTEN.

- ☐ A Substantiv
- ☐ B Verb
- ☐ C Adjektiv
- ☐ D Adverb

3

DER MANN **DA** IST SELTSAM.

- ☐ A Substantiv
- ☐ B Verb
- ☐ C Adjektiv
- ☐ D Adverb

4

SIE IST **ZIEMLICH** GUT IN SPORT.

3. Typische Endungen der Adverbien

Wählen Sie die passende Endung.

	-S	-WEISE	-WÄRTS
reihen-	☐	☒	☐
1. vor-	☐	☐	☐
2. mittag-	☐	☐	☐
3. dummer-	☐	☐	☐
4. aus-	☐	☐	☐
5. sonntag-	☐	☐	☐
6. üblicher-	☐	☐	☐
7. stadtein-	☐	☐	☐

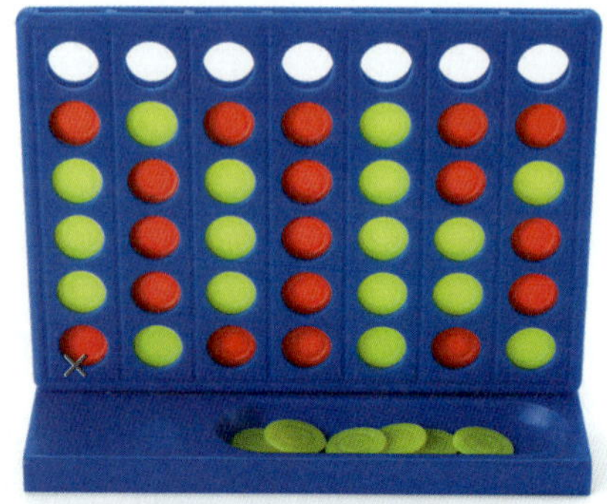

4. Steigerung der Adverbien

Welche Adverbien können gesteigert werden?
Schreiben Sie deren Formen in die Tabelle.

Adverbien werden bis auf 5 Ausnahmen
nicht dekliniert.

~~bald~~ links wohl hier künftig ganz gern noch sofort oft sehr ziemlich

bald	eher	am ehesten

Temporaladjektive machen Angaben zur Zeit. Sie können **Zeitpunkte** oder **Zeiträume** in der Vergangenheit, Gegenwart oder Zukunft beschreiben.

5. Die Adverbien der Zeit

Ordnen Sie die Temporaladjektive nach dem Zeitpunkt. Achtung! Ein Wort kann in unterschiedlichen Bedeutungen verwendet werden.

vorhin · nachher · heute · vorgestern · morgen · gestern · ~~damals~~ · früher · ~~übermorgen~~ · künftig · ~~jetzt~~ · später

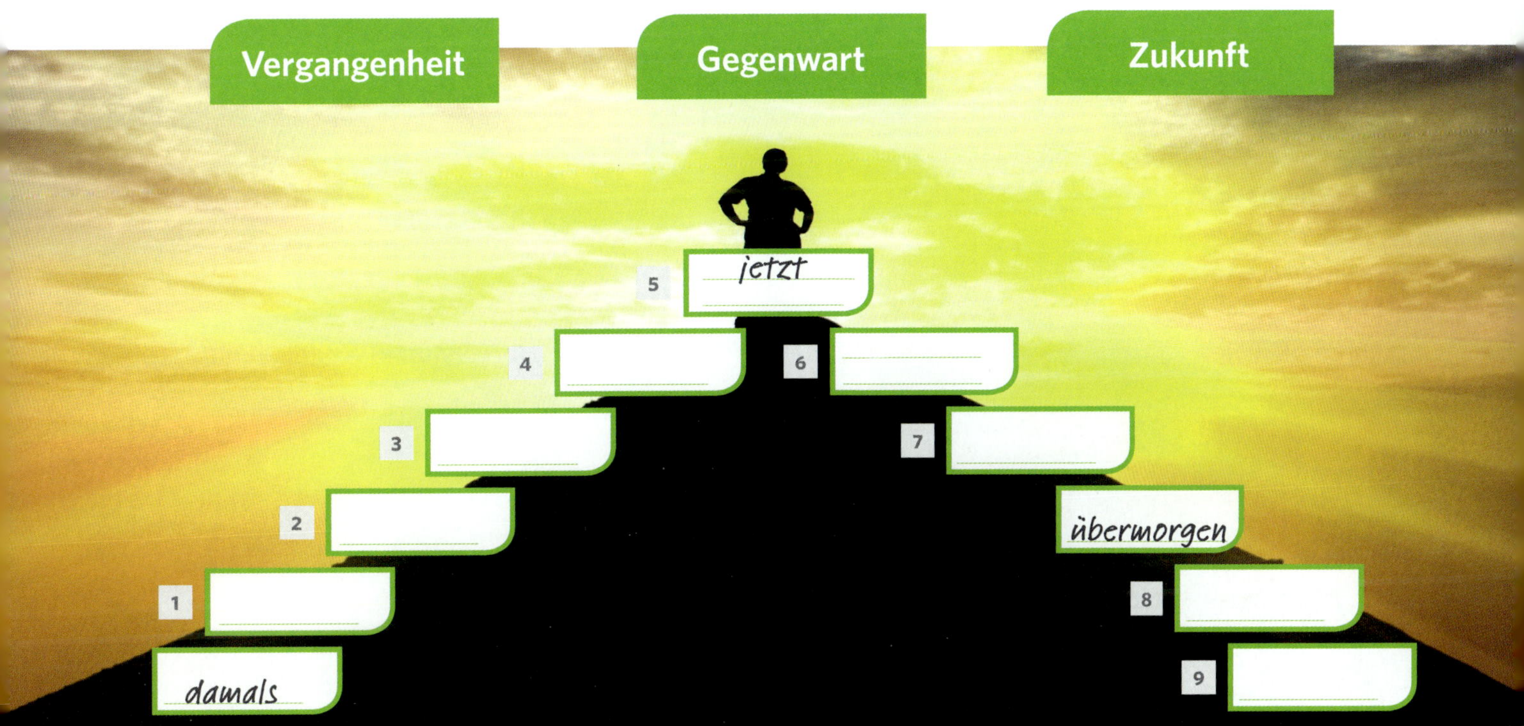

6. Die Adverbien der Zeit

Wie oft machen Sie das? Kreuzen Sie die passende Antwort an und schreiben Sie anschließend Ihre Antworten auf.

Wie oft …	IMMER	FAST IMMER	MEISTENS	OFT	MANCHMAL	SELTEN	FAST NIE	NIE
… fotografieren Sie mit Ihrem Smartphone?	☐	☐	☐	☒	☐	☐	☐	☐
1. … bestellen Sie etwas im Internet?	☐	☐	☐	☐	☐	☐	☐	☐
2. … vergessen Sie Ihr Handy zu Hause?	☐	☐	☐	☐	☐	☐	☐	☐
3. … bekommen Sie eine SMS?	☐	☐	☐	☐	☐	☐	☐	☐
4. … teilen Sie Ihre Bilder mit Freunden?	☐	☐	☐	☐	☐	☐	☐	☐
5. … laden Sie Musik herunter?	☐	☐	☐	☐	☐	☐	☐	☐
6. … benutzen Sie ein Online-Wörterbuch?	☐	☐	☐	☐	☐	☐	☐	☐
7. … gehen Sie mit Freuden aus?	☐	☐	☐	☐	☐	☐	☐	☐

Ich fotografiere oft mit meinem Smartphone.

1. ______________________________

2. ______________________________

3. ______________________________

4. ______________________________

5. ______________________________

6. ______________________________

7. ______________________________

7. Die Adverbien der Zeit

Ergänzen Sie die Sprüche.

Wer _zuerst_ kommt, mahlt _zuerst_ .

1. ______ die Arbeit, ______ das Vergnügen.
2. Wer ______ lacht, lacht am besten.
3. Alle Menschen sind klug - die einen ______, die anderen ______ .

erst ~~zuerst~~ dann zuletzt vorher nachher ~~zuerst~~

8. Die Adverbien der Zeit

Wählen Sie das passende Adverb.

1. Du darfst **erst** / **noch** / **schon** nicht Auto fahren, du bist **erst** / **noch** / **schon** 15.
2. Ist er wirklich **erst** / **noch** / **schon** 30? Er sieht aber wie 40 aus.
3. Ihr seid **erst** / **noch** / **schon** nicht volljährig, ihr dürft nicht Lotto spielen.
4. Ist Ihr Kind **erst** / **noch** / **schon** 6 Jahre alt? Dann braucht es eine Fahrkarte.
5. Hatte sie **erst** / **noch** / **schon** Geburtstag? Ich dachte, **erst** / **noch** / **schon** nächste Woche.

Ich bin **schon** 70. Na und?

9. Die Adverbien des Ortes

Wie heißt das Gegenteil? Ordnen Sie zu.

1. links	____	A hier
2. hinein	_1_	B rechts
3. draußen	____	C vorwärts
4. da	____	D unten
5. oben	____	E drinnen
6. irgendwoher	____	F hinaus
7. rückwärts	____	G irgendwohin

10. Die Adverbien des Ortes

Stellen Sie Fragen zu den hervorgehobenen Adverbien: **Woher? Wo? Wohin?**

1 Es ist langweilig **da draußen**. Wir bleiben lieber **drinnen**.

Wo?

2 Ich muss **nach oben** fahren.

3 Wie komme ich hier wieder **raus**?

4 Ich muss meinen Geldbeutel **irgendwo** verloren haben.

5 Der Geruch kommt von **drinnen**.

6 Kommt doch auch **rauf**!

11. Die Adverbien des Ortes

Hin- oder **her-**? Verbinden Sie.

Ich schaue gern zu den Nachbarn her- / hin- -über.

1. Kommen Sie doch hier- -her / -hin , ich möchte Ihnen etwas zeigen.
2. Warum gehen sie dort- -her / -hin ? Was wollen sie denn da?
3. Er läuft die Treppe her- / hin- -auf. Warum nimmt er nicht den Aufzug?
4. Warum gehen sie denn die Treppe her- / hin- -unter? Bestimmt verstecken sie etwas im Keller.
5. Das finde ich auch noch her- / hin- -aus.

12. Die Adverbien des Ortes

Sagen Sie es anders. Finden Sie Synonyme für die folgenden Adverbien.

nach unten | bergab | bergauf | nach hinten | abwärts | nach vorne | aufwärts | nach oben

1. *bergauf* ________ ________

2. ________ ________ ________

3. ________ ________

4. ________ ________

13. Die Kausaladverbien

Formulieren Sie die **weil**-Sätze mit Adverbien des Grundes um.

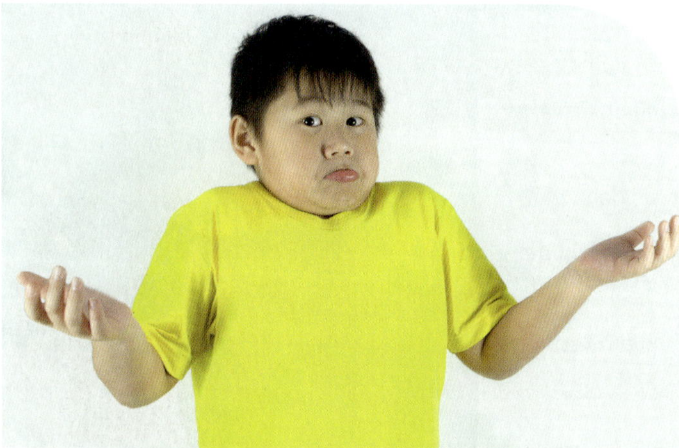

- Warum kann ich mir keinen Kuchen mehr nehmen?
- Weil du schon viel davon gegessen hast. (deshalb)

Du hast schon viel von dem Kuchen gegessen, deshalb kannst du dir keinen mehr nehmen.

1.

- Warum soll ich ins Bett gehen?
- Weil es schon spät ist. (darum)

______

______

2.

- Warum kann ich nicht draußen spielen?
- Weil du noch Hausaufgaben machen musst. (deswegen)

______

______

3.

- Warum kaufst du mir keinen Hund?
- Weil unsere Wohnung nur zwei Zimmer hat. (daher)

______

______

14. Die Kausaladverbien

Verbinden Sie je zwei Sätze.

1. Ich will mehr über Hamsterhaltung wissen.
2. Ich mag keine Haustiere.
3. Ich habe eine Tierhaarallergie.
4. Mäuse finde ich niedlich.
5. Morgen passe ich auf den Hund meiner Eltern auf.
6. Meine Wellensittiche sind sehr laut.

___ A **Andernfalls** hätte ich mir keine angeschafft.
_1_ B Ich muss mir **also** ein Buch darüber kaufen.
___ C Sie gehen **nämlich** aus.
___ D **Infolgedessen** bringe ich sie in den Laden zurück.
___ E **Trotzdem** halte ich ein Kaninchen.
___ F **Darum** muss ich jeden Tag wischen.

15. Die Kausaladverbien

Grund, Gegensatz, Folge oder Bedingung? Wählen Sie das passende Adverb.

~~deshalb~~ also sonst trotzdem

Ich habe Zahnschmerzen.

Deshalb gehe ich zum Arzt.

1. ______ gehe ich nicht zum Arzt.
2. Ich muss ______ zum Arzt.
3. Ich muss zum Arzt, ______ wird es noch schlimmer.

dennoch ansonsten darum

Ich schaffe es nicht alleine.

4. Meine Mutter hat zwar auch schon eine Stunde für mich gebügelt. ______ kann ich nicht fertig werden.
5. ______ brauche ich dringend noch deine Hilfe.
6. Du musst mir helfen, ______ werde ich nicht ferig.

folglich andernfalls gleichwohl deswegen

Bei der Prüfung gab es zwei Aufsichtspersonen.

7. ______ konnten die Schüler nicht spicken.
8. ______ konnten die Schüler spicken.
9. ______ war es für die Schüler unmöglich zu spicken.
10. ______ hätten die Schüler spicken können.

16. Die Adverbien der Art und Weise

Finden Sie das Adverb im Satz. Welche Bedeutung hat es?

Bist du es <u>wirklich</u>?

- ☒ Bewertung
- ☐ Erweiterung
- ☐ Einschränkung

1. Zumindest gab es elektrischen Strom.

- ☐ Bewertung
- ☐ Erweiterung
- ☐ Einschränkung

2. Ich kann nicht Snowboarden, außerdem mag ich Schnee nicht.

- ☐ Bewertung
- ☐ Erweiterung
- ☐ Einschränkung

3. Natürlich will ich gewinnen.

- ☐ Bewertung
- ☐ Erweiterung
- ☐ Einschränkung

4. Erstens senken wir die Steuern, zweitens erhöhen wir die Renten ...

- ☐ Bewertung
- ☐ Erweiterung
- ☐ Einschränkung

5. Ich möchte es nur mal versuchen.

- ☐ Bewertung
- ☐ Erweiterung
- ☐ Einschränkung

17. Die Adverbien der Art und Weise

Finden Sie die Modaladverbien. Ordnen Sie die Sätze entsprechend dem Intensitätsgrad der beschriebenen Eigenschaft.

Sie scheint sehr überrascht zu sein.

1. Er sieht doch ganz nett aus.

2. Besonders schön findet sie seine Augen.

3. Seine Witze findet sie keinesfalls lustig.

4. Sie konnte es kaum glauben.

5. Er hat alles versucht, aber es war vergebens.

6. Sie treffen sich wahrscheinlich noch einmal.

7. Eventuell wird sie ihm eine zweite Chance geben.

++	0	?	-
Sie scheint sehr überrascht zu sein.			

10 Das Verb

Was sind Verben und was drücken sie im Satz aus?

Welche **Arten** von Verben gibt es im Deutschen?

VERB
verb

1. Das Vollverb

Unterstreichen Sie das Prädikat im Satz ...

Die meisten Verben gehören zu den **Vollverben**. Das heißt, sie können das **Prädikat** bilden.

Ich lerne gern Deutsch.

1

2

Nehmen Sie doch Platz.

Herr Bach hat sich lange nicht mehr erholt.

3

4

Die Ferien fangen an.

Was hältst du von unseren neuen Nachbarn?

5

... und ordnen Sie das Verb der entsprechenden Verbkategorie zu.

____ **A** Verben mit präpositionalen Angaben

____ **B** Funktionsverben

____ **C** Reflexive Verben

____ **D** Verben mit Objekten

__4__ **E** Trennbare und untrennbare Verben

2. Verben mit Objekten

Welches Verb passt?

schreiben ~~mähen~~ schneiden montieren bringen

Gärtner mähen Rasen.

1. Informatiker ____________ Programme.

2. Fussballer ____________ Tore.

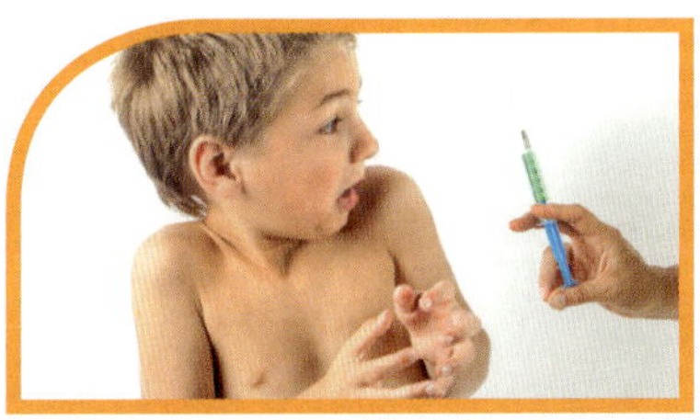

3. Krankenschwestern ____________ Spritzen.

4. Frisöre ____________ Haare.

5. Schauspieler ____________ Rollen.

6. Elektriker ____________ Lampen.

7. Postboten ____________ Briefe.

8. Hühner ____________ Eier.

legen geben schießen spielen

3. Transitive und intransitive Verben

Welche Verben sind transitiv? Kreuzen Sie an.

1. Peter nichts erzählen
2. ADAC anrufen...
3. zur Ruhe kommen
4. in die Werkstatt fahren
5. Termin absagen
6. neues Auto kaufen
7. Versicherung informieren

Transitive Verben können mit einem **Akkusativobjekt** stehen und ein **Passiv** bilden.

4. Verben mit präpositionalen Angaben

Was mögen Kinder, was mögen Eltern? Schauen Sie sich die Präpositionen an und tragen Sie sie in die passenden Lücken ein

Einige Verben sind fest mit einer **Präposition** verbunden.

... treffen sich *mit* Freunden.

1. ... freuen sich ________ die Ferien.
2. ... klagen ________ zu viele Hausaufgaben.
3. ... glauben ________ den Weihnachtsmann.

4. ... sind ________ Parties.
5. ... verstehen nichts ________ der Mode.
6. ... interessieren sich ________ die Schulnoten der Kinder
7. ... sprechen ________ Probleme.

Oft verlangt die Präposition einen **bestimmten Kasus**.

Viele Verben werden in Verbindung mit einem **Reflexivpronomen** benutzt, das sich auf das Subjekt des Satzes bezieht.

5. Reflexive Verben

Kreuzen Sie die Sätze mit Reflexivpronomen an.

1. Ärgerst du dich wieder über die Nachbarn?
2. Beruhige dich.
3. Sie werden sich sowieso nicht ändern.

4. Hast du deinen kleinen Bruder wieder geärgert?
5. Versuch, ihn wieder zu beruhigen.
6. Am besten beschäftigst du ihn mit irgendetwas.

6. Die Reflexivpronomen

Vervollständigen Sie die Verbkonjugationen mit den passenden Verbformen. Wo steht das Reflexivpronomen im Akkusativ (A), wo im Dativ (D)?

(A)

sich *beeilen*

ich	beile mich
du	______
er, sie, es	______
wir	beeilen uns
ihr	______
sie, Sie	______

1 ___

(D)

2 ___

sich *Sorgen machen*

ich	______
du	machst dir Sorgen
er, sie, es	______
wir	______
ihr	______
sie, Sie	machen sich Sorgen

7. Reflexive Verben

Schreiben Sie die Infinitive zu den vor gegebenen Sätzen. Steht das Reflexivpronomen im Dativ oder im Akkusativ?

Hast du dir für dieses Jahr etwas vorgenommen?

sich (Dat.) vornehmen

Ich melde mich für den Flohmarkt an.

1

____

Anna trifft sich öfter mit Freunden.

2

____

Du bewirbst dich um eine neue Stelle.

3

____

Katharina traut sich viel zu.

4

____

Wir beschweren uns nicht mehr über das Wetter.

5

____

Paul wünscht sich ein neues Auto.

6

____

Ihr unterhaltet euch ja gar nicht mehr.

7

____

8. Funktionsverben

Welches Verb passt? Manchmal sind mehrere Verben möglich.

Funktionsverben bilden **zusammen** mit einem Substantiv das Prädikat.

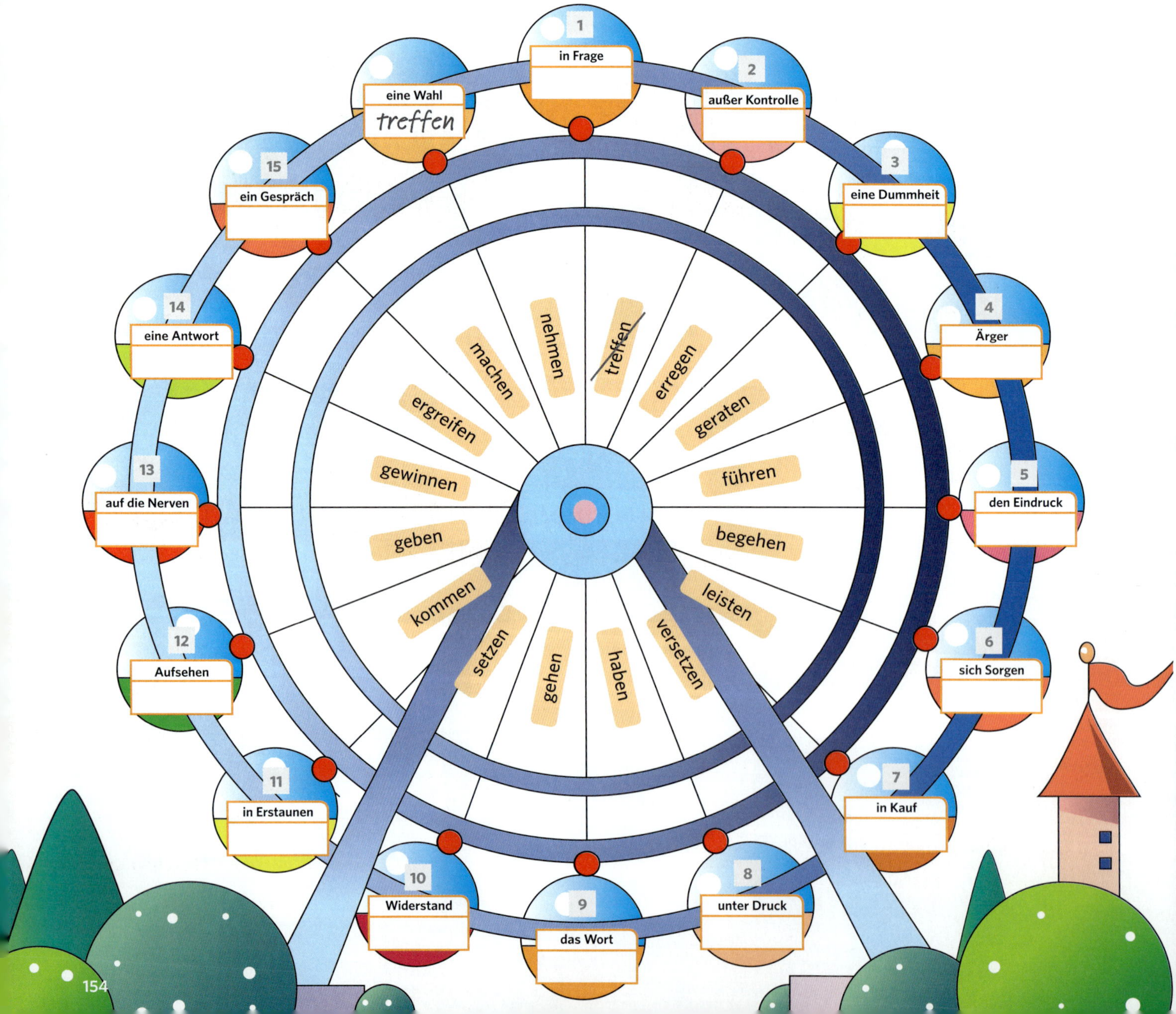

9. Trennbare und untrennbare Verben

Welches Verb passt zu welchem Bild?

Verben können mit **trennbaren** und **untrennbaren** Präfixen kombiniert werden. Dadurch bekommen die Verben eine neue Bedeutung.

A sitzen
B besitzen

A gehen
B vergehen

A wenden
B entwenden

A fahren
B erfahren

10. Trennbare und untrennbare Verben

Sind die Verben in den Sätzen trennbar oder nicht? Unterstreichen Sie den betonten Teil des Verbs.

Die **trennbaren Präfixe** sind betont, die **untrennbaren Präfixe** sind unbetont.

Jetzt unter<u>schreiben</u> wir nur noch den Vertrag.

1. Man sieht die Sonne langsam untergehen.
2. Willst du überhaupt wiederkommen?
3. Ich will nicht nochmal wiederholen.
4. Er behauptet, dass er das Brett durchbrechen kann.
5. Deine Lügen werde ich sofort durchschauen.

11. Trennbare Verben

Ergänzen Sie die passenden Präfixe.

Er hört mir nie <u>zu</u>.

1. Er hat wieder vergessen, den Müll ______ zubringen.
2. Er hat mir noch nie Blumen ______ gebracht.
3. Wo geht er abends immer ______ ?
4. Er soll ______ passen, was er sagt.
5. Wo hat er dieses Parfüm ______ ?

6. Wie lange soll ich das nur noch ______ halten?
7. Geht sie am Samstag wieder mit Freundinnen ______ kaufen?
8. Oh nein, sie ruft ihre Mutter zum fünften Mal ______!
9. Es ist unmöglich, so ______ zumachen.
10. Ich denke, dass alles von meiner Entscheidung ______ hängt.

weiter-

aus-

mit-

her-

~~zu-~~

auf-

ab-

hin-

an-

weg-

ein-

Die Präfixe werden im **Präsens** und **Präteritum** abgetrennt, wenn kein zweites Verb im Satz vorhanden ist.

12. Untrennbare Verben

Welches Verb passt?

Untrennbare Präfixe können nie allein stehen.

1 *Zerbrechen* Sie sich auch den Kopf, wo Sie den nächsten Urlaub 2 ________ ?

Ihnen ist wohl 3 ________, dass Sie einen Balkon 4 ________ .

5 ________ Sie auf teure Reisen.

Auf dem Balkon kann man viel 6 ________ .

7 ________ Sie die Nachbarn.

8 ________ Sie die Stadtluft.

9 ________ Sie sich mit Bratwürsten vom Grill.

10 ________ Sie sich in der Sonne.

Sie werden nichts 11 ________ .

Diesen Urlaub werden Sie nie 12 ________ .

___ A beobachten
___ B verbringen
___ C verwöhnen
1 D zerbrechen
___ E entfallen
___ F verzichten
___ G entspannen
___ H genießen
___ I besitzen
___ J erleben
___ K vergessen
___ L vermissen

13. Mehrteilige Verben

Ordnen Sie die Satzteile. Beginnen Sie Ihre Sätze mit dem unterstrichenen Satzteil.

Mehrteilige Verben bilden das **Prädikat** aus **zwei Teilen**. Der **erste Teil** des Infinitivs bleibt auch im Satz unverändert und steht am Ende.

Infinitiv + Verb

gehen • nach der Arbeit • wir • trinken • etwas

Wir gehen nach der Arbeit etwas trinken.

1. hört • unseren Nachbarn • singen • unter der Dusche • ihr?
2. Niko • liegen • länger • im Bett • bleibt • am Sonntag

trinken gehen

singen hören

liegen bleiben

Partizip + Verb

3. schreibt • diese Wörter • getrennt • man • immer
4. wieder • sie • wütend • ist • auf ihn • warum?
5. dieses schöne Kleid • bekam • geliehen • leider • nur • sie

getrennt schreiben

wütend sein

geliehen bekommen

Substantiv + Verb

6. nächstes Jahr • Peter • Marathon • läuft
7. Rad • im Sommer • gern • fahre • ich
8. Schach • jedes Wochenende • spielen • mein Opa und ich

Marathon laufen

Rad fahren

Schach spielen

Adverb + Verb

9. am besten • gleich • du • machst • klar • es ihr
10. es • bergauf • geht • langsam
11. so • habe • meinen kleinen Bruder • ich • lieb

klar machen

bergauf gehen

lieb haben

14. Hilfsverben

Ergänzen Sie die passenden Hilfsverben.

Man braucht **Hilfsverben**, um die zusammengesetzten Zeitformen und das Passiv zu bilden.

waren · haben · ist · ~~hatten~~ · sind · haben · werden · wird · sind · wird

Plusquamperfekt

Bevor wir eine neue Wohnung gefunden haben, *hatten* wir schon viele Anzeigen gelesen.

1. Nachdem wir eingezogen ____________, haben wir einige Mängel entdeckt.

Perfekt

2. Die Wasserhähne ____________ getropft und das Licht ____________ ständig ausgegangen.

3. Wir ____________ Handwerker bestellt.

4. Sie ____________ erst drei Wochen später gekommen.

Passiv

5. Die Wasserhähne ________ schon ausgetauscht.

6. Die neue Stromleitung ________ nun verlegt.

Futur

7. Bald ________ wir eine Einweihungsparty feiern.

8. Wir hoffen, dass es keine Probleme mehr geben ________.

15. Hilfsverben als normale Verben im Satz

Vervollständigen Sie die Sätze.

Hilfsverben können auch als normale Vollverben im Satz stehen.

sein + Adjektiv

1. Der Tag war sehr .... .
   - ☐ A erholsam
   - ☒ B lang
   - ☐ C schön

sein + Substantiv

2. Du bist ein .... .
   - ☐ A Sturm
   - ☐ B Hahn
   - ☐ C Schatz

werden + Substantiv

3. Werden wir heute ... ?
   - ☐ A Fußballspieler
   - ☐ B Gäste
   - ☐ C Weltmeister

werden + Adjektiv

4. Wir werden langsam ... .
   - ☐ A traurig
   - ☐ B hungrig
   - ☐ C freundlich

haben + Substantiv

5. Warum habe ich immer ... ?
   - ☐ A Pech
   - ☐ B Banane
   - ☐ C Angst

haben + Adjektiv

6. Ich habe es langsam ... .
   - ☐ A satt
   - ☐ B schön
   - ☐ C komisch

16. Modalverben

Finden Sie alle Verben. Welche Verben sind Modalverben, welche sind Vollverben?

1. Vollverben	2. Modalverben
______	sollen
______	______
______	______
______	______
______	______
______	______
______	
______	

Modalverben bestimmen die **Art** und **Weise**, wie man etwas tut.

17. Modalverben

Schreiben Sie die Modalverben aus der Übung 16 in die Tabellen und konjugieren Sie sie.

sollen	
ich	soll
du	sollst
er/sie/es	soll
wir	sollen
ihr	sollt
sie/Sie	sollen

1 ______	
ich	______
du	______
er/sie/es	______
wir	______
ihr	______
sie/Sie	______

2 ______	
ich	______
du	______
er/sie/es	______
wir	______
ihr	______
sie/Sie	______

3 ______	
ich	______
du	______
er/sie/es	______
wir	______
ihr	______
sie/Sie	______

4 ______	
ich	______
du	______
er/sie/es	______
wir	______
ihr	______
sie/Sie	______

5 ______	
ich	______
du	______
er/sie/es	______
wir	______
ihr	______
sie/Sie	______

18. Modalverben

Formulieren Sie Sätze mit (anderen) Modalverben.

Modalverben stehen meist mit einem anderen Verb. Das zweite Verb steht dann im Infinitiv am Satzende.

müssen
Notwendigkeit
Befehl
Aufforderung

Ist es noch möglich, das zu reparieren?

Will er überhaupt Spaghetti essen?

können
Möglichkeit
höfliche Bitte
Fähigkeit
Erlaubnis

Kann man das noch reparieren?

1. ______________________

sollen
Rat oder Aufforderung einer anderen Person

Haben Sie etwas dagegen, wenn ich Sie etwas frage?

Er hat den Plan, schwimmen zu lernen.

dürfen
Erlaubnis

2. ______________________

3. ______________________

wollen
Wille
Absicht

Es ist nötig, dass er einkauft.

Ich rate dir, höflicher zu sein.

mögen
Wunsch

4. ______________________

5. ______________________

19. Modalverben

Ergänzen Sie die Sätze mit den passenden Modalverben in der richtigen Form.

dürfen | können | wollen | ~~müssen~~

Wir müssen uns beeilen, weil wir nicht zu spät kommen ________ (1). Ihr ________ (2) keine Zeit verlieren. ________ (3) ihr nicht schneller laufen?

wollen | können | müssen | dürfen

Ich ________ (4) auf die Party gehen, aber ich ________ (5) nicht. Ich ________ (6) aufräumen. ________ (7) mir vielleicht jemand helfen?

können | mögen | sollen

Mein Bruder ________ (8) gut Trompete spielen, aber die Nachbarn ________ (9) es nicht, wenn er spielt. Sie sagen, er ________ (10) nicht so viel üben.

20. Modalverb *möchten*

Beantworten Sie die Fragen wie im Beispiel.

Magst du Fisch?

Ja, ich mag Fisch, aber ich möchte gerade keinen.

möchten

... ist der Konjunktiv II von mögen und hat dann im Gegensatz zum Indikativ die Bedeutung von wünschen.

1. Mögen Sie Avocados?

____

2. Magst du Sushi?

____

3. Mögt ihr Cola?

____

4. Magst du Tomatensaft?

____

21. Modalverben ohne Infinitiv

Beantworten Sie die Fragen wie im Beispiel.

Modalverben können auch ohne Infinitiv stehen, wenn aus der Situation klar vorgeht, was gemeint ist.

Möchtest du mit mir etwas trinken gehen?

Ja, das möchte ich. / Nein, das möchte ich nicht.

1. Darf ich mich neben dich setzen?

____

2. Kannst du mir sagen, wie du heißt?

____

3. Soll ich dich nach Hause bringen?

____

4. Willst du, dass ich dich anrufe?

____

5. Soll ich lieber gehen?

____

22. Die Negation der Modalverben

Bilden Sie Sätze wie im Beispiel.

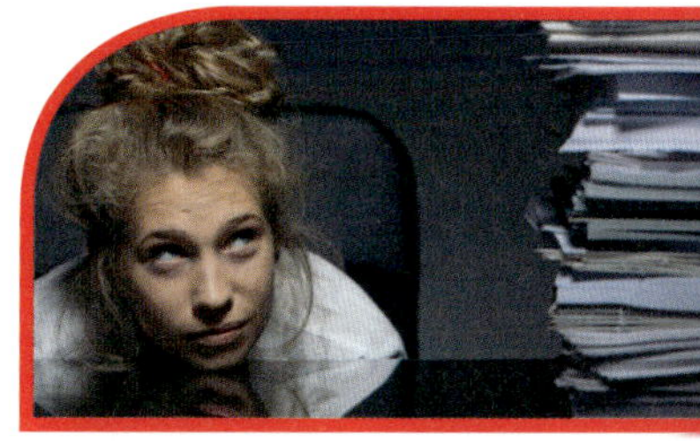

dürfen • heute • früher nach Hause gehen

Lisa	*darf*	*heute*	*nicht*	*früher nach Hause gehen.*

1. müssen • morgen • an der Besprechung teilnehmen

Ich				

2. können • hier • telefonieren

Ihr				

3. müssen • die E-Mail • sofort beantworten

Du				

4. sollen • die Kollegen • mit Fragen nerven

Man				

Bei der Negation von **dürfen** und **müssen** ändert sich die Bedeutung der Modalverben.

23. Modalverben

dürfen + Verneinung

Was darf man hier nicht? Sprechen Sie ein Verbot aus.

lange aufbleiben

fernsehen

2

Er darf nicht ________________.

3

Sie darf nicht ________________.

mitkommen

~~in den Apfel beißen~~

weiterspielen

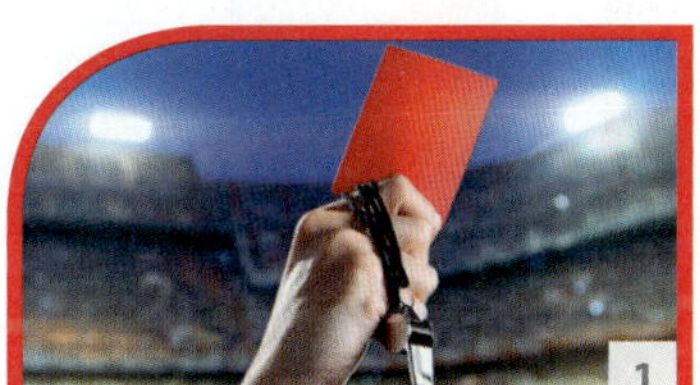

1

Man darf nicht ________________.

Er darf nicht *in den Apfel beißen.*

4

Er darf nicht ________________.

24. Verben mit spezieller Bedeutung

Kennen oder **wissen**? Ergänzen Sie die Sätze.

Ich will *wissen*, wo der Käfer hin ist.

1. ________ du diese Gemüsesorte?

2. Wie lange ________ wir uns schon?

kennen

Meist in Verbindung mit Personen und Orten.

wissen

Kenntnis von Fakten, meist in Verbindung mit einem Nebensatz.

3. Jeder ________, was das bedeutet.

4. ________ Sie, wie viel das kostet?

5. Das Problem ________ ich auch.

25. Die Verben *kennen* und *können*.

Kennen oder **können**? Ergänzen Sie die Sätze.

1. ________ du mir sagen, was das soll?
2. Ich ________ jemanden, der dir helfen ________.
3. ________ du die Musik bitte leiser machen?
4. Wir ________ das nicht so lassen.
5. Diese Männer ________ wir nicht.
6. Ihr ________ die Aufgabe bestimmt lösen.

Tom *kann* nicht einschlafen. Peter *kennt* das Problem auch.

26. Verben mit spezieller Bedeutung

Bilden Sie Sätze mit dem Verb **brauchen**.

Ich höre dich gut. - Du ▪ nicht so laut schreien.

Du brauchst nicht so laut zu schreien.

1. Das ist offensichtlich. - Ihr ▪ nichts ▪ erklären.

____

2. Der Kühlschrank ist voll. - Wir ▪ nicht ▪ einkaufen.

____

3. Ich kann euch abholen. - Ihr ▪ nur ▪ kurz Bescheid sagen.

____

4. Sie ist wieder gesund. - Sie ▪ die Tabletten ▪ nicht nehmen.

____

5. Es ist sehr einfach. - Du ▪ nur ▪ drauf klicken.

____

brauchen

brauchen + nur/nicht(s) = nur/nicht(s) müssen

... kann wie ein **Modalverb** benutzt werden. Der Infinitiv wird dann mit zu gebildet.

27. Die Verben *werden* und *lassen*

a) Vervollständigen Sie die Verbkonjugationen mit den passenden Verbformen.

b) Welche Bedeutung haben die Verben **werden** und **lassen** in den folgenden Sätzen?

- Versprechen
- Prognose
- Plan
- Vermutung
  Beruhigung

1. Ich werde mich gut benehmen.
2. Sie werden sich schon gut verstehen.
3. Ich werde mir eine neue Wohnung suchen.
4. Dieses Wochenende werden wir zu Hause bleiben.
5. Du wirst die Prüfung schon bestehen.
6. Heute wird es noch regnen.

werden	
ich	werde
du	______
er/sie/es	______
wir	werden
ihr	______
sie/Sie	______

7. Du redest zu viel und lässt mich nicht in Ruhe arbeiten.

8. Berta lässt sich Haare frisieren.

9. Sie lassen ihren Hund im Bett schlafen.
10. Lass das!
11. Ich lasse das Faulenzen.

lassen	
ich	______
du	______
er/sie/es	lässt
wir	______
ihr	______
sie/Sie	lassen

Lasst uns keine Zeit verlieren!

- eine Aufforderung aussprechen
- einen Auftrag geben
- eine Erlaubnis geben
- etwas nicht tun
- etwas verhindern
- ein Verbot aussprechen

28. Der Infinitiv

Nennen Sie die Grundformen der unterstrichenen Verben und tragen Sie sie in die Mitte ein.

Der Infinitiv ist die Grundform des Verbes.

aufwachen

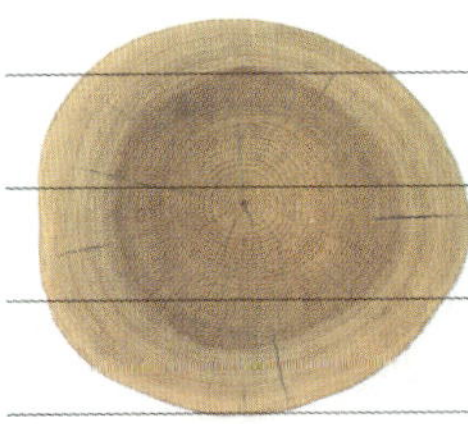

-en

-ern

-eln

-n

Fast alle Infinitive setzen sich aus dem **Wortstamm** und der Endung **-en** zusammen. **Ausnahmen** bilden die Verben auf **-ern**, **-eln**, **-n**.

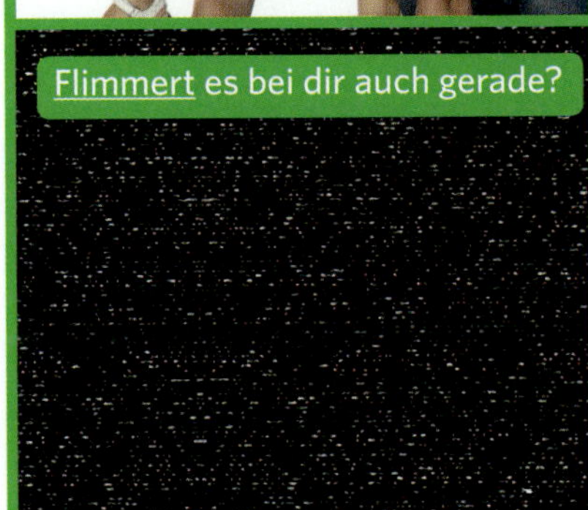

29. Der Infinitiv ohne *zu*

Ergänzen Sie die passenden Verben.

1. Ich werde das Geschenk sofort ... .
2. Was wird es wohl ... ?
3. Es wird mir sicher ... .

... im Futur I

___ A gefallen
_1_ B auspacken
___ C sein

4. Etwas wird hier wohl schief gelaufen ... .
5. Sie wird wohl den Schlüssel verloren ... .

... im Futur II

___ A sein
___ B haben

6. Bitte, hier ... !
7. Abstand ... !
8. Ruhe ... !

... bei kurzen Aufforderungen

___ A bewahren
___ B halten
___ C warten

9. Das kann doch nicht wahr ... .
10. Ich will es einfach nicht ... .
11. Niemand darf es ... .

... mit Modalverben

___ A glauben
___ B sein
___ C sehen

12. Er tut so, als würde er ... .
13. Er würde aber gern in Urlaub ... .
14. An seiner Stelle würde ich es sofort ... .

... im Konjunktiv

___ A fahren
___ B tun
___ C arbeiten

15. Die Karte in den Geldautomaten ... .
16. Die PIN und einen Betrag ... .
17. Die Karte und das Geld ... .

... bei Anweisungen

___ A entnehmen
___ B eingeben
___ C stecken

30. Der Infinitiv ohne *zu*

Ergänzen Sie die passenden Verben in der richtigen Form.

Ich __sehe__ sie oft diskutieren.

1. ______ ihr ihn auch schnarchen?

2. Ich denke, er ______ sitzen.

3. ______ bitte einen Putzlappen holen.

4. Sie ______ kurz tanken.

5. Wir möchten schwimmen ______ .

bleiben | ~~sehen~~ | fahren | lernen | hören | gehen

31. Der Infinitiv mit *zu* nach Verben

Formen Sie die *dass*-Sätze in Infinitivsätze um. Achten Sie darauf, die Infinitive mit **zu** zu verwenden.

Vor **zu** + **Infinitiv** kann man zum besseren Verständnis ein Komma setzen, wenn zum Infinitivsatz drei oder mehr Wörter gehören.

Er glaubt, dass er sein Ziel erreichen kann.

__Er glaubt, sein Ziel erreichen zu können.__

1. Es ist ihr leider nicht gelungen, dass sie mit allen Dingen fertig wird.

______

2. Sie verbieten mir, dass ich mit jemandem über diese Geschichte spreche.

______

3. Könnt ihr die Kinder bitten, dass sie ruhig sind?

______

4. Ich habe vor, dass ich nicht mehr so viel fernsehe.

______

Der **Infinitiv** mit **zu** steht, wenn das **Objekt** des **Hauptsatzes** gleichzeitig das **Subjekt** des **Nebensatzes** ist.

Der **Infinitiv** mit **zu** ersetzt einen Nebensatz mit der Konjunktion dass, wenn das **Subjekt** im Haupt- und im Nebensatz **identisch** ist.

32. Der Infinitiv mit *zu* nach Adjektiven/Partizipien

Verbinden Sie die passenden Satzteile.

... sein + Adjektiv / Partizip, ... zu + Infinitiv

1. Er ist es gewohnt, ___ A die Tiere im Zoo zu füttern.
2. Es ist falsch, ___ B kein Foto zu machen.
3. Es ist verboten, _1_ C Komplimente zu bekommen.
4. Es ist schön, ___ D ihn zu übersehen.
5. Wir waren erstaunt, ___ E so zu denken.
6. Es ist unmöglich, ___ F sich so schön zu kleiden.
7. Es wäre schade, ___ G geliebt zu werden.
8. Es war unnötig, ___ H ihn so zu sehen.

Er ist es gewohnt, Komplimente zu bekommen.

33. Der Infinitiv mit *zu* nach Substantiven

Ergänzen Sie die passenden Substantive.

Ich habe keine Lust, das zu essen.

... Substantiv, ... zu + Infinitiv

Ich habe keine _Lust_, das zu essen.

1. Sie haben keinen ______, sich zu beschweren.
2. Wie kommen Sie auf die ______, das zu servieren?
3. Er hatte heute keine ______ zu frühstücken.
4. Hast du nachher ______, dich bei ihm zu entschuldigen?
5. Sie hatte auch ______, das zu kauen.
6. Wir hatten nicht die ______, Sie schlecht zu bedienen.

Schwierigkeiten | Idee | ~~Lust~~ | Absicht | Grund | Gelegenheit | Zeit

34. Der Infinitiv mit *zu* nach Konjunktionen

Verbinden Sie jeweils zwei Sätze mit **anstatt**, **ohne** oder **um**.

anstatt **ohne** **um**

Er telefoniert weiter. Er redet nicht mit mir.

Er telefoniert weiter, anstatt mit mir zu reden.

1. Wir sind ins Restaurant gegangen. Wir wollten uns unterhalten.
2. Er hat sich einen Kaffee bestellt. Er hat mich nicht gefragt, was ich trinken möchte.
3. Er chattet mit Freunden. Er hört mir nicht zu.
4. Ich bin gegangen. Ich habe mich nicht verabschiedet.

35. Der Infinitiv mit *zu* nach Konjunktionen

Finden Sie die passenden Überschriften zu den Bildern.

Infinitive können als **Substantive** gebraucht werden.

1

2

3

___ **A** Lästern ist nicht schön.

___ **B** Ich bin zufrieden mit meinem Aussehen.

___ **C** Sie sehen sich zum Verwechseln ähnlich.

36. Die Partizipien

Bilden Sie Partizipien von den folgenden Verben.

Das Partizip ist eine Verbform, die in der **Mitte zwischen Verb** und **Adjektiv** steht und deswegen auch **Verbaladjektiv** genannt wird.

Infinitiv	Partizip I Infinitiv + d	Partizip II ge- + ● + -(e)t / -en
1. feiern		
2. lachen	lachend	
3. trinken		
4. singen		gesungen
5. tanzen		

37. Die Partizipien

Notieren Sie das Verb, von dem das markierte Partizip gebildet wurde.

Partizipien **können** wie Adjektive **dekliniert** und **verwendet** werden.

Warum läufst du immer über den frisch geputzten Boden?

putzen

1. Für den Salat braucht man gekochte Kartoffeln.

   ____

2. Wollt ihr euch nach so einem anstrengenden Tag nicht ausruhen?

   ____

3. Er hat uns gestern eine spannende Geschichte erzählt.

   ____

4. Wir suchen nach einer möblierten Wohnung im Stadtzentrum.

   ____

38. Partizip I

Bilden Sie das Partizip I.

Partizip I = Infinitiv + d

der musizierende Künstler

1. ______
2. ______
3. ______
4. ______
5. ______
6. ______
7. ______
8. ______
9. ______
10. ______
11. ______
12. ______
13. ______

39. Partizip II

Bilden Sie Partizipien von den folgenden Verben und schreiben Sie sie in die Tabelle.

entschuldigen, fotografieren, misslingen, einbetten, umschalten, anfangen, lachen, mitnehmen, erkundigen, aufhören, kopieren, begründen, kuscheln, probieren, panieren, erfinden, kopieren, weggehen, warten, einkaufen, trainieren, aussuchen, fliegen, markieren, zerkleinern, umschütten, berichten, küssen, brechen, stehen, entfallen, schaden, arbeiten, verbreiten

	"normale" Verben	Verben mit trennbaren Präfixen	Verben mit untrennbaren Präfixen	Verben mit der Endung - ieren
Regelmäßige Verben	1: ge- _-lach-_ -t	2: _auf-_ -ge- _-hör-_ -t	3: _entschuldig-_ -t	7: _kopier-_ -t
Regelmäßige Verben	4: ge- _-arbeit-_ -et	5: _um-_ -ge- _-schütt-_ -et	6: _verbreit-_ -et	
Unregelmäßige Verben	8: ge- _stand-_ -en	9: _weg-_ -ge- _-gang-_ -en	10: _erfund-_ -en	

40. Partizip II als Adjektiv

Ergänzen Sie die Sätze mit den Partizipien in der richtigen Form.

Steht das **Partizip II** vor dem Substantiv, wird es als Adjektiv dekliniert.

Sind Sie mit den *gelieferten* Waren zufrieden? (liefern - *geliefert*)

1. Sie packen eine __________ Vase aus. (zerbrechen - __________)
2. Die noch nicht __________ Waren werden nächste Woche zugestellt. (enthalten - __________)
3. Aus __________ Anlass will sie reklamieren. (geben - __________)
4. Doch ohne __________ Rücksendeschein ist das schwierig. (beilegen - __________)

41. Partizip II als Substantiv

Ergänzen Sie die Sätze mit den passenden Begriffen.

Mit dem **Artikel** kann das Partizip zum Substantiv werden.

jemand, den man vermisst hat und deswegen suchen lässt

Einer der *Vermissten* konnte gerettet werden.

1. jemand, der neu geboren wurde

Ein __________ ist wie ein kleines Wunder.

2. etwas, was man klein gedruckt hat

Hätte er nur das __________ gelesen.

3. etwas, was man gelernt hat

Hier können Sie das __________ anwenden.

42. Bildung der regelmäßigen Verben

Was machen die Affen den ganzen Tag? Schreiben Sie die fehlenden Verbformen in die Tabelle.

Bei den **regelmäßigen Verben** verändert sich der **Verbstamm** nicht.

	Infinitiv	Partizip I	Partizip II
	+ -(e)n	+ te	+ t
1.	klettern		
2.		hüpfte	
3.		hangelte	
4.			gespielt
5.	grinsen		

43. Regelmäßige und unregelmäßige Verben

Hier haben sich 10 Verben zum Thema "Auto" versteckt. Finden Sie die Verben. Welche sind regelmäßig, welche unregelmäßig?

w	d	a	u	f	p	a	s	s	e	n	h	j
a	k	p	f	i	o	a	c	f	r	d	ö	k
s	e	a	n	s	c	h	n	a	l	l	e	n
c	b	r	e	m	s	e	n	h	a	c	ä	z
h	n	k	a	u	f	e	n	r	ü	i	e	w
e	p	e	s	t	a	r	t	e	n	ä	g	q
n	u	n	s	a	u	g	e	n	m	o	b	a
e	i	n	s	t	e	i	g	e	n	l	m	k

regelmäßige Verben

bremsen

unregelmäßige Verben

44. Bildung der unregelmäßigen Verben

Schreiben Sie die drei Verbformen in die Tabelle. Achten Sie auf die drei Möglichkeiten für die Veränderung der Stammvokals.

erschrecken – erschrak – erschrocken

1. ______
2. ______
3. ______
4. ______

Im **Infinitiv**, **Präteritum** und **Partizip II** gibt es 3 verschiedene **Vokale**.

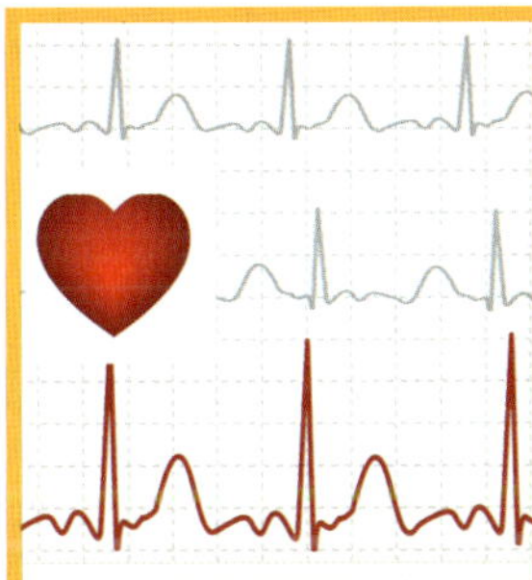

schlagen – schlug – geschlagen

5. ______
6. ______
7. ______
8. ______

Im **Infinitiv** und **Partizip II** sind die **Vokale** gleich.

fliehen – floh – geflohen

9. ______
10. ______
11. ______
12. ______

Im **Präteritum** und **Partizip II** sind die **Vokale** gleich.

Das **Partizip II** hat die Endung -en.

~~erschrecken~~ ~~schlagen~~ meiden geraten springen werben waschen klingen schießen lügen ~~fliehen~~ entstehen unterhalten verbinden vertreten

45. Die Personalformen des Verbs

Konjugieren Sie die Verben. Achten Sie auf die Besonderheiten.

machen	
ich	mache
du	machst
er/sie/es	macht
wir	machen
ihr	macht
sie/Sie	machen

1. wohnen	
ich	______
du	______
er/sie/es	______
wir	______
ihr	______
sie/Sie	______

e

2. meiden	
ich	______
du	______
er/sie/es	______
wir	______
ihr	______
sie/Sie	______

e

3. atmen	
ich	______
du	______
er/sie/es	______
wir	______
ihr	______
sie/Sie	______

Wenn sich das Verb nach Person und Numerus verändert, spricht man von der Personalform eines Verbs. Dabei werden bestimmte Endungen an den Verbstamm gehängt.

-e
-st
-t
-en
-t
-en

~~s~~

4. boxen	
ich	______
du	______
er/sie/es	______
wir	______
ihr	______
sie/Sie	______

~~s~~

5. kürzen	
ich	______
du	______
er/sie/es	______
wir	______
ihr	______
sie/Sie	______

~~e~~

6. bedauern	
ich	______
du	______
er/sie/es	______
wir	______
ihr	______
sie/Sie	______

~~e~~

7. werkeln	
ich	______
du	______
er/sie/es	______
wir	______
ihr	______
sie/Sie	______

46. Verben mit Vokalwechsel

Konjugieren Sie die Verben. Achten Sie auf den Vokalwechsel in der 2. und der 3. Person Singular.

e > i

unterbrechen

ich	unterbreche
du	
er/sie/es	unterbricht
wir	unterbrechen
ihr	
sie/Sie	

e > ie

befehlen

ich	
du	
er/sie/es	
wir	
ihr	
sie/Sie	

a > ä

fallen

ich	
du	
er/sie/es	
wir	
ihr	
sie/Sie	

o > ö

anstoßen

ich	
du	
er/sie/es	
wir	
ihr	
sie/Sie	

au > äu

saufen

ich	
du	
er/sie/es	
wir	
ihr	
sie/Sie	

i > ei

wissen

ich	weiß
du	
er/sie/es	
wir	
ihr	
sie/Sie	

47. Das Präsens

Was bezeichnen die Verben in den folgenden Sätzen? Finden Sie die passende Kategorie.

Das Präsens bezeichnet meist **Geschehen in der Gegenwart**. Es gibt jedoch einige Möglichkeiten, die Gegenwart zu modifizieren.

1 **etwas geschieht im Moment**

2 **etwas, was früher begann, dauert bis jetzt an**

3 **allgemein Gültiges**

4 **zukünftiges Geschehen**

5 **wiederholte Handlungen**

6 **historisches Präsens**

6 **A** 1969 wird das Internet erfunden.

___ **B** Pia schreibt ihrem Freund gerade eine Nachricht.

___ **C** Philipp besitzt seit einer Woche einen neuen Tablet-PC.

___ **D** Ein Smartphone ist ein Mobiltelefon mit vielen zusätzlichen Funktionen.

___ **E** Jonathan nimmt nächste Woche an einem Webinar teil.

___ **F** Sophie liest täglich ihre E-Mails.

48. Das Präsens der Hilfsverben und der Modalverben

Konjugieren Sie die Hilfs- und Modalverben im Präsens.

haben

ich	habe geträumt
du	
er/sie/es	
wir	
ihr	habt geträumt
sie/Sie	

sein

ich	
du	bist geflogen
er/sie/es	
wir	
ihr	
sie/Sie	sind geflogen

werden

ich	
du	
er/sie/es	wird getragen
wir	werden getragen
ihr	
sie/Sie	

können

ich	
du	kann weit gucken
er/sie/es	
wir	
ihr	könnt weit gucken
sie/Sie	

wollen

ich	will reisen
du	
er/sie/es	
wir	
ihr	
sie/Sie	wollen reisen

dürfen

ich	
du	darfst nicht klettern
er/sie/es	
wir	dürfen nicht klettern
ihr	
sie/Sie	

sollen

ich	soll still stehen
du	
er/sie/es	
wir	
ihr	sollt still stehen
sie/Sie	

mögen

ich	
du	magst Höhenflüge
er/sie/es	
wir	mögen Höhenflüge
ihr	
sie/Sie	

müssen

ich	muss aufpassen
du	
er/sie/es	
wir	
ihr	
sie/Sie	müssen aufpassen

49. Das Perfekt mit *haben*

Nun geben Sie es schon zu! Schreiben Sie Sätze im Perfekt. Achten Sie auf die richtige Imperativform.

Das Perfekt bezeichnet ein **vergangenes Geschehen**, das **vor** der **Gegenwart** liegt.

Faden verlieren (Sie) *Geben Sie es doch zu, Sie haben den Faden verloren.*

1. heute nicht duschen (du) ____________________
2. ihr alles verzeihen (ihr) ____________________
3. diesen Film noch nicht sehen (du) ____________________
4. den Termin einfach vergessen (Sie) ____________________
5. das Geschenk gefällt nicht (ihr) ____________________
6. es nicht wissen (Sie) ____________________

haben/sein + Partizip II
im Präsens

50. Das Perfekt mit *sein*

Ergänzen Sie die Sätze mit den passenden Perfektformen der folgenden Verben. Entscheiden Sie, was die Verben ausdrücken.

bleiben
~~schmelzen~~
anbrennen
werden
umkippen
fallen
kommen

Der Käse *ist* schon *geschmolzen*.

1. Ihr ______ zu spät ____________.
2. Die Teller ______ auf den Boden ____________.
3. Der Wein ______ ____________.
4. Die Steaks ______ ____________.
5. Der Kaffee ______ kalt ____________.
6. Wir ______ hungrig ____________.

Ortsveränderung

Zustandsveränderung

bleiben, sein, passieren, werden

51. Das Perfekt mit *haben* oder mit *sein*

Stellen Sie Fragen im Perfekt.

das letzte Mal waschen (du)	wieder wachsen (ich)	alles lesen (sie)	endlich gelingen (er)	schon probieren (ihr)	das wirklich glauben (Sie)
Wann *hast du sie das letzte Mal gewaschen*?	1. ______ ?	2. ______ ?	3. ______ ?	4. ______ ?	5. ______ ?
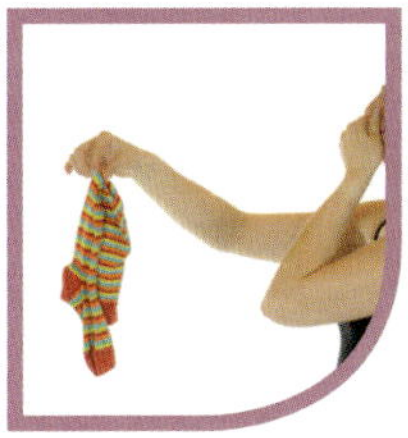					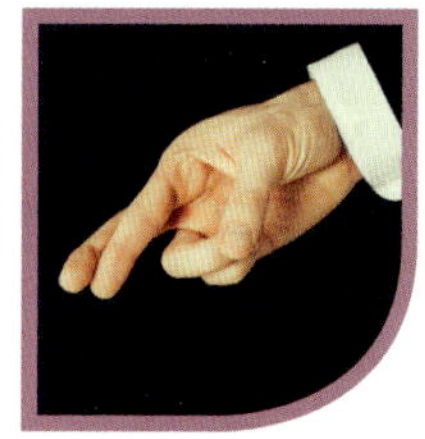

52. Das Perfekt von Verben, die mit dem Infinitiv stehen

Infinitiv oder Partizip II? Wählen Sie die richtige Form.

Bei den **Verben**, die **mit** Infinitiv stehen, **bleibt** der nachfolgende Infinitiv **erhalten**.

Bei den Verben **hören**, **sehen** und **lassen** steht anstelle des Partizips der Infinitiv.

Sie hat sich nicht beeindrucken <u>lassen</u> / gelassen.

1. Plötzlich ist er stehen bleiben / geblieben.
2. Habt ihr ihn kommen hören / gehört?
3. Wir haben uns gestern kennen lernen / gelernt.
4. Bist du hier schon oft spazieren gehen / gegangen?
5. Den Konflikt haben sie kommen sehen / gesehen.
6. Wie immer hat er sie vorbeigehen lassen / gelassen.

53. Das Präteritum

Als ich jung war, war alles noch ganz anders. Schreiben Sie die Sätze im Präteritum.

› regelmäßige Verben

+ -te + Personalendung

› unregelmäßige Verben

+ Personalendung

Der Stammvokal ändert sich.

im Winter • immer • Schnee • liegen

Als ich jung war, lag im Winter immer Schnee.

1 man • gesünder • leben

____

2 einander • Briefe • schreiben

____

3 viele Leute • auf dem Land • arbeiten

____

4 man • mehr • zusammen • unternehmen

____

5 die Äpfel • besser • schmecken

____

6 es • kein Internet • geben

____

Das Präteritum

beschreibt ein **abgeschlossenes vergangenes Geschehen**.

54. Das Präteritum der Hilfsverben

Ordnen Sie die Präteritumformen der Hilfsverben den entsprechenden Pronomen zu.

haben

ich	hattest
du	hattet
er/sie/es	hatten
wir	hatte
ihr	hatte
sie/Sie	hatten

sein

ich	waren
du	war
er/sie/es	war
wir	waren
ihr	warst
sie/Sie	wart

werden

ich	wurden
du	wurde
er/sie/es	wurdest
wir	wurdet
ihr	wurden
sie/Sie	wurde

55. Das Präteritum der Modalverben

Konjugieren Sie die Modalverben im Präteritum.

können

ich	______
du	konntest
er/sie/es	______
wir	______
ihr	konntet
sie/Sie	______

wollen

ich	wollte
du	______
er/sie/es	______
wir	______
ihr	______
sie/Sie	wollten

dürfen

ich	______
du	durftest
er/sie/es	______
wir	durften
ihr	______
sie/Sie	______

sollen

ich	sollte
du	______
er/sie/es	______
wir	______
ihr	solltet
sie/Sie	______

mögen

ich	______
du	mochtest
er/sie/es	______
wir	mochten
ihr	______
sie/Sie	______

müssen

ich	musste
du	______
er/sie/es	______
wir	______
ihr	______
sie/Sie	mussten

56. Das Plusquamperfekt

Plusquamperfekt oder Präteritum?

haben/sein + Partizip II
im Präteritum

Er wusste nicht mehr, wo er war, weil er sich **verlief** / **verlaufen hatte**.

1. Wir gingen zur Party, obwohl uns niemand **einlud** / **eingeladen hatte**.
2. Ich ging spazieren, aber mein Freund **sah lieber fern** / **hatte lieber ferngesehen**.
3. Sie erkannten sich nicht wieder, weil sie sich 20 Jahre **nicht sahen** / **nicht gesehen hatten**.
4. Er **wusste nicht** / **hatte nicht gewusst**, was er in dieser Situation tun sollte.

57. Präteritum und Plusquamperfekt

Verbinden Sie die Sätze mit Hilfe der Konnektoren *als*, *nachdem*, *bevor*. Die Sätze bleiben in der angegebenen Reihenfolge! Vergessen Sie nicht, die Verben in die Vergangenheit zu setzen.

~~bevor~~ | bevor | nachdem | als | als

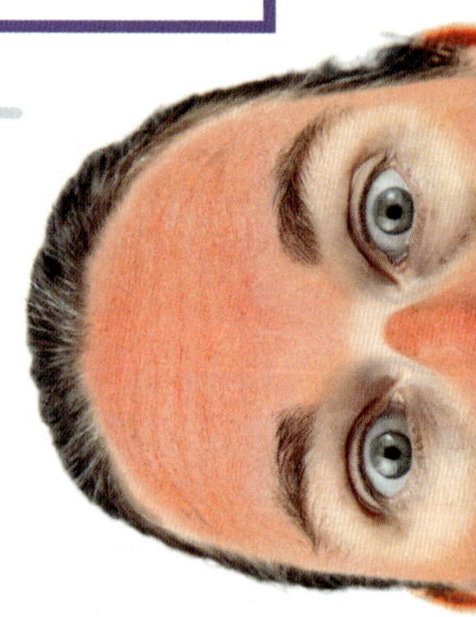

Sie geht zum Abendessen. Sie liegt 3 Stunden in der Sonne.
Bevor sie zum Abendessen ging, hatte sie 3 Stunden in der Sonne gelegen.

1. Sie geht zum Strand. Sie frühstückt ausgiebig.
2. Sie kommt am Strand an. Die Touristen besetzen schon alle Liegen.
3. Sie isst ein Eis. Sie schwimmt im Meer.
4. Sie will zurück ins Hotel gehen. Sie stellt fest: Jemand stiehlt ihre Tasche.

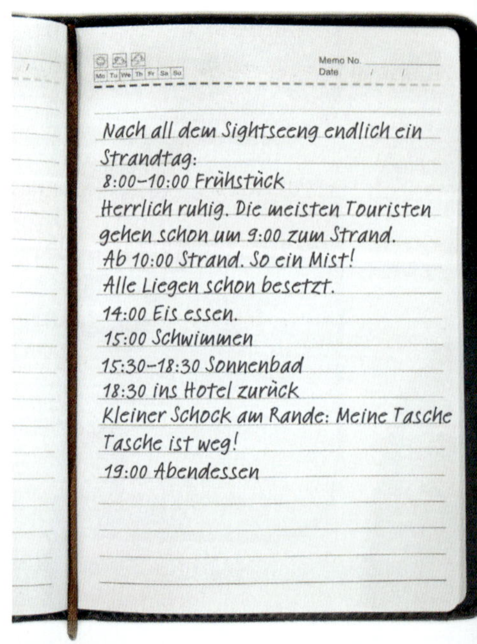

Das Plusquamperfekt bezeichnet die **Vorzeitigkeit** zum **Präteritum** bzw. **Perfekt**. Es steht nie allein, sondern immer im **Zusammenhang mit anderen Handlungen**, die **danach** passieren.

58. Das Futur I

Ordnen Sie die Sätze der entsprechenden Kategorie zu.

Das Futur I bezeichnet ein **Geschehen in der Zukunft**.

1 Der Zug **wird** wohl heute nicht mehr **kommen**.

2 Die Installation **wird** nicht so lange **dauern**.

3 Ab Montag **werde** ich ganz nett zu meinen Kollegen **sein**.

4 In ganz Deutschland **wird** es am Wochenende **regnen**.

4 A > **Prognose**

___ B > **Versprechen**

___ C > **Vermutung**

___ D > **Vorsatz**

Personalform
werden + Infinitiv
im Präsens

59. Präsens oder Futur I

Antworten Sie im Futur I und im Präsens. Achten Sie darauf, beim Futur I Adverbien wie *wahrscheinlich*, *wohl* oder *vermutlich* zu verwenden.

Was macht er im Urlaub? (tauchen gehen)

Er wird im Urlaub wahrscheinlich tauchen gehen.

Er geht im nächsten Urlaub tauchen.

1. Was macht ihr am Wochenende? (grillen)

______

______

2. Wer putzt diese Woche die Treppe? (die Nachbarn)

______

______

3. Wie fährt sie heute nach der Party nach Hause? (mit dem Taxi)

______

______

Meist verwendet man aber das **Präsens mit** einer **Zeitangabe**, die deutlich macht, dass die Handlung in der Zukunft passiert.

60. Das Futur II

Was werde ich alles für dich getan haben? Vervollständigen Sie die Sätze im Futur II.

~~ich: Frühstück machen~~ | ich: die Wohnung aufräumen | wir: dort ein Haus bauen | ich: alle Versprechen vergessen | wir: nach Gran Canaria auswandern

Das Futur II bezeichnet ein **Geschehen in der Zukunft**, das noch vor einem **anderen Geschehen in der Zukunft** abgeschlossen wird.

Wenn du aufwachst,
werde ich schon das Frühstück für dich gemacht haben.

1. Wenn du von der Arbeit kommst,
____
2. Im nächsten Jahr ______________________________
3. In fünf Jahren ______________________________
4. Kurz nach der Hochzeit ______________________________

61. Das Futur II

Drücken Sie eine Vermutung aus.

Mit dem **Futur II** kann man eine Vermutung über ein **vergangenes Geschehen** ausdrücken.

Sie sieht sehr überrascht aus.
er • ein Geheimnis • verraten

Tim ist sehr entspannt.
sein Urlaub • erholsam • sein

Das Kind ist so ruhig.
es • etwas • anstellen

Das haben wir gerade gefunden.
jemand • etwas • schreiben

Alle drei Autos gehören Michael.
er • im Lotto gewinnen

So glücklich war Ralf noch nie.
er • seine Traumfrau • treffen

Er wird ihr wohl ein Geheimnis verraten haben.

1. ______________________________
2. ______________________________
3. ______________________________
4. ______________________________
5. ______________________________

62. Der Indikativ

Was geschieht wann? Ordnen Sie die Sätze den entsprechenden Kategorien zu.

Der **Indikativ** drückt aus,

1 was **geschehen ist**,

2 was **gerade geschieht**,

3 was **geschehen wird**.

____ A Petra ist 25 Jahre alt.

____ B Petra hatte immer Angst vor Spinnen.

____ C Petra und Georg werden nächstes Jahr heiraten.

____ D Als Petra im Urlaub auf Mallorca war, lernte sie Georg kennen.

____ E Am Montag hat Petra einen Zahnarzttermin.

____ F Petras Eltern haben ein Haus am Bodensee.

____ G Morgen wird sich Petra eine Monatsfahrkarte besorgen.

____ H Als Kind wollte Petra Tierpflegerin werden.

____ I Nachdem Petra ihr Studium abgeschlossen hatte, bewarb sie sich bei einer Beratungsfirma.

____ J Petra möchte einmal Fallschirm springen.

____ K Petras Auto wird gerade abgeschleppt.

63. Der Konjunktiv I

Wie heißt der Satz in der indirekten Rede?

Der **Konjunktiv I** ist typisch für die indirekte Rede.

Holger sagt, *da sei eine Mücke im Glas.*

1. Hans beschwert sich darüber, dass ______
2. Reiner verspricht Uli, dass ______
3. Uli erzählt, ______
4. Dieter behauptet, ______
5. Martin fragt, ______

Der **Konjunktiv I** wird hauptsächlich in Texten verwendet.

64. Konjunktiv II

Sagen Sie es höflicher.

Bring den Müll raus!

Würdest du bitte den Müll rausbringen!

1. Beeilt euch! ____
2. Helfen Sie mir! ____
3. Widerspich mir nicht dauernd! ____
4. Fahr doch los! ____
5. Bringen Sie mir ein Bier! ____
6. Sitz still! ____

65. Konjunktiv II

Bilden Sie irreale Wunschsätze.
Ergänzen Sie sie mit *doch, bloß, nur*

Sie spricht immer viel zu laut.

Wenn sie bloß nicht immer viel zu laut spräche (sprechen würde).

1. Du hast sie beleidigt. ____
2. Ich muss alles alleine machen. ____
3. Die Tür war nicht abgeschlossen. ____
4. Er lässt uns immer warten. ____
5. Sie sind ständig schlecht gelaunt. ____
6. Das Haus wird verkauft. ____

Die Formenbildung bei regelmäßigen Verben

würde + Infinitiv

Die Formenbildung bei unregelmäßigen Verben

Präteritum + Personalendung

66. Konjunktiv II

Drücken Sie einen irrealen Wunsch aus.

Er hat keinen Termin. Er muss lange warten.

Wenn er einen Termin hätte, müsste er nicht so lange warten.

1. Er ist klein. Man muss ihn auf den Stuhl heben.
____
2. Er hat keine Schuhe an. Er darf die Füße auf den Stuhl stellen.
____
3. Er guckt so so traurig. Die anderen trösten ihn.
____
4. Er kann nicht sprechen. Niemand unterhält sich mit ihm.
____
5. Er kann nicht lesen. Ihm ist langweilig.
____

67. Der Imperativ

Wie wird man ein guter Schauspieler? Formulieren Sie einige Tipps.

auf deinen Gesichtsausdruck achten (du)

Achte auf deinen Gesichtsausdruck!

1. jedes Wort deutlich aussprechen (ihr)

2. tief einatmen (du)

3. den Text üben (Sie)

4. andere beobachten (ihr)

5. nicht mit der Kleidung herumspielen (du)

6. ganz in ihre Rolle eintauchen (Sie)

7. sich konzentrieren (Sie)

8. Entspannungstechniken lernen (ihr)

9. sich die Augen reiben (du)

10. übertreiben (Sie)

~~du~~ steh~~st~~ auf = Steh(e) auf!

~~ihr~~ steht auf = Steht auf!

Sie stehen auf = Stehen Sie auf!

68. Die Imperativformen von *haben, sein und werden*

Ergänzen Sie die passenden Imperativformen.

1 keine Angst haben

du > *Hab keine Angst!*

ihr >

Sie >

2 stark sein

du >

ihr >

Sie >

3 schnell wieder gesund werden

du >

ihr >

Sie >

69. Das Passiv

Vorgang oder Zustand?

Das Vorgangspassiv	Das Zustandspassiv
Der Ablauf der Handlung ist wichtig.	Der Zustand nach der Handlung ist wichtig
werden + Partizip II Personalform	sein + Partizip II Personalform

☐ **A** Das Tor ist geöffnet.
☐ **B** Das Tor wird geöffnet.

☐ **A** Die Kuchen werden verbrannt.
☐ **B** Die Kuchen sind verbrannt.

☐ **A** Die Pflanze ist nicht allzu oft gegossen gewesen.
☐ **B** Die Pflanze ist nicht allzu oft gegossen worden.

☐ **A** Die Haare sind bunt gefärbt.
☐ **B** Die Haare werden bunt gefärbt.

70. Das Passiv

Wandeln Sie Aktiv in Passiv um.

Wir haben gestern ein UFO gesehen.
Gestern ist ein UFO gesehen worden.

1. Warum fragt man mich nie?
   ____
2. Menschen erzählen oft davon.
   ____
3. Ein Journalist hat darüber einen Artikel geschrieben.
   ____
4. Verkauft der Zeitungskiosk diese Zeitschrift noch?
   ____
5. Diese Nachricht werden die Medien sicherlich weiter verbreiten.
   ____
6. Leider untersuchte man diesen Fall nicht weiter.
   ____

Beim Passiv steht der **Vorgang** im Mittelpunkt.

Soll eine handelnde Person genannt werden, steht sie im Passiv in Verbindung mit der Präposition **von**.

11 Die wichtigsten unregelmäßigen Verben

Welche unregelmäßigen Verben muss ich kennen?

Welche Formen sind unregelmäßig?

1. Unregelmäßige Verben

Ordnen Sie die folgenden unregelmäßigen Verben der entspechenden Lautgruppe zu. Notieren Sie die Präteritum- bzw. Perfektformen.

~~liegen~~ · gewinnen · zwingen · hängen · frieren · lesen · leihen · vergleichen · raten · nennen · tragen · rufen

	Präteritum	Perfekt
1	-a-: lag	-e-: gelegen
2	-a-	-u-
3	-a-	-a-
4	-a-	-o-
5	-i-	-a-
6	-i-	-i-
7	-ie-	-ie-
8	-ie-	-a-
9	-ie-	Stammvokal des Infinitivs
10	-o-	-o-
11	-u-	-a-

2. Die Verben *haben, sein, werden*

Glück oder Pech? Schreiben Sie die Sätze zuerst im Präteritum, dann im Perfekt.

einen Pechtag haben

Gestern hatte Rüdiger einen Pechtag.

Gestern hat Rüdiger einen Pechtag gehabt.

1. arm werden

2. zu spät sein

3. jede Menge Ärger haben

einen Glückstag haben

Gestern hatte Leon einen Glückstag.

Gestern hat Leon einen Glückstag gehabt.

4. reich werden

5. zufrieden sein

6. Schwein haben

3. Noch mehr unregelmäßige Verben

Sind die folgenden Verben regelmäßig **R** oder gemischt **G**? Ergänzen Sie die Infinitive und Präteritumformen.

Die **gemischten Verben** wechseln zwar den Stammvokal, haben aber im **Partizip II** die t-Endung der regelmäßigen Verben.

		Infinitiv	Präteritum	Partizip II
R	A	wohnen	wohnte	gewohnt
	B			gebracht
	C			gemalt
	D			gepustet
	E			gewusst
	F			gekannt
	G			geweigert

4. Wer fällt aus der Reihe?

Welche Verben sind unregelmäßig? Schreiben Sie deren 3 Formen.

- ☒ liegen
- ☐ legen

liegen – lag – gelegen

- ☐ sinken
- ☐ senken

1. ____________

- ☐ steigern
- ☐ steigen

2. ____________

- ☐ sitzen
- ☐ setzen

3. ____________

5. Unregelmäßige Verben, die besondere Formen bilden

Welche 3 Formen sind richtig?

☐ **A** stehen - stund - gestehen
☒ **B** stehen - stand - gestanden
☐ **C** stehen - stand - gestehen

☐ **A** ziehen - zog - gezogen
☐ **B** ziegen - zug - geziehen
☐ **C** ziehen - ziehte - gezieht

☐ **A** gehen - gehte - gegeht
☐ **B** gehen - gang - gegehen
☐ **C** gehen - ging - gegangen

☐ **A** sitzen - sietz - gesitzen
☐ **B** sitzen - saß - gesessen
☐ **C** sitzen - satz - gesetzt

5

☐ **A** nehmen - nomm - genehmen
☐ **B** nehmen - nahm - genommen
☐ **C** nehmen - nimm - genehmt

☐ **A** tun - tat - getan
☐ **B** tun - tut - getun
☐ **C** tun - tan - getat

☐ **A** treffen - troff - getraffen
☐ **B** treffen - triff - getreffen
☐ **C** treffen - traf - getroffen

Am besten ist es, **alle drei Stammformen** zu lernen, wenn man ein neues Verb kennenlernt.

6. Modalverben

Schreiben Sie Sätze im Präteritum.

Das **Perfekt** der Modalverben wird **selten** benutzt. **Gebräuchlicher** ist das **Präteritum**.

Oma • ihre Lesebrille konnen • nicht finden

sie • dürfen • sich nicht ablenken • lassen

ihr • sich vertragen sollen

sie • ihren Freunden helfen • wollen

mein Bruder • schon sehr früh • Musik mögen

ich • wieder nicht • sich entscheiden • können

ich • leider • zu Hause bleiben • müssen

Nadine • besser aufpassen sollen

er • sich sehr anstrengen müssen

Oma konnte ihre Lesebrille nicht finden.

1. ______________________________
2. ______________________________
3. ______________________________
4. ______________________________
5. ______________________________
6. ______________________________
7. ______________________________
8. ______________________________

12 Die Konjunktionen

Was sind Konjunktionen?

Was kann ich mit ihnen **machen**?

Welche Arten von Konjunktionen gibt es?

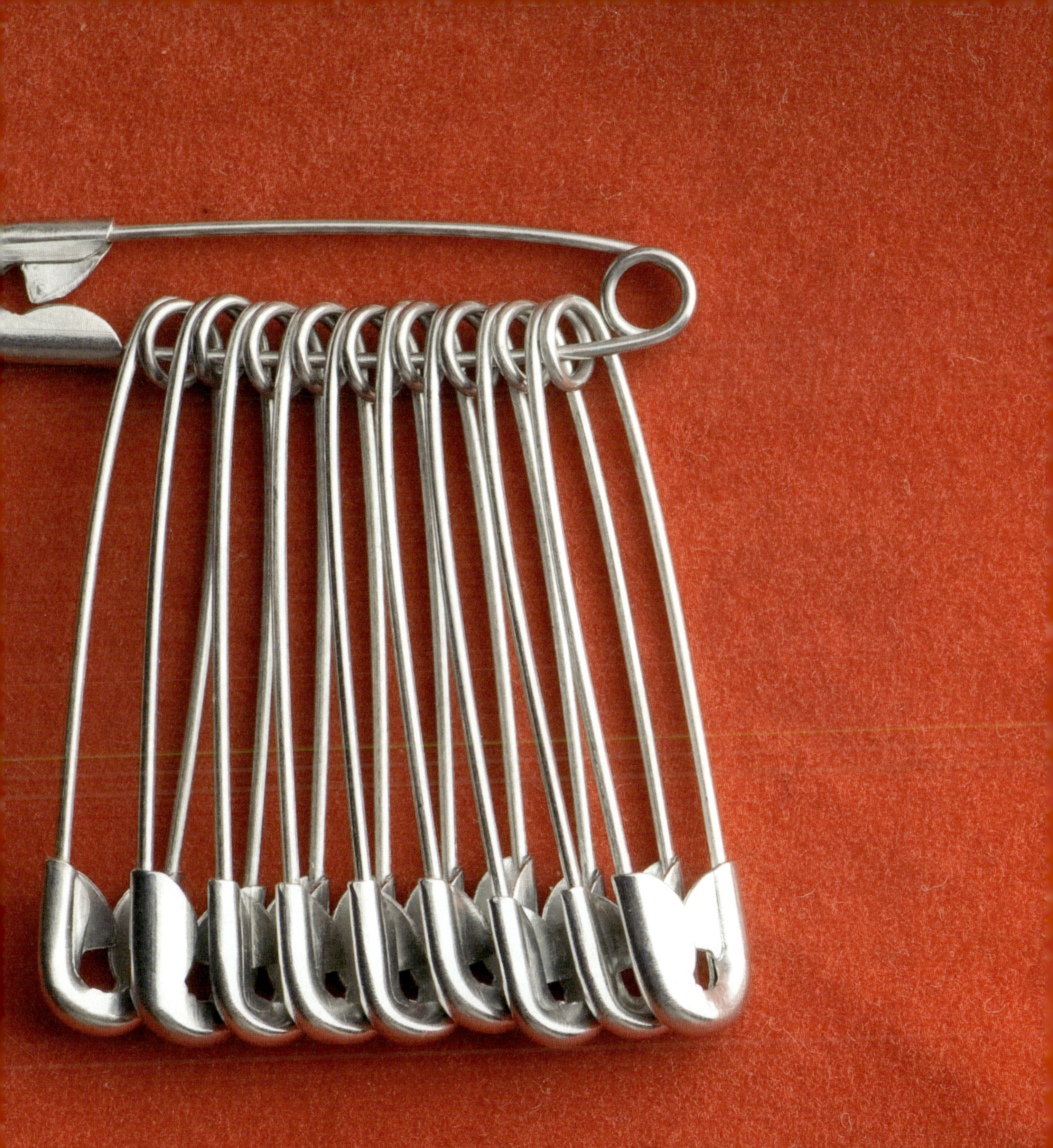

1. Nebenordnende oder unterordnende Konjunktionen?

Entscheiden Sie, ob es sich bei den markierten Wörtern um nebenordnende oder unterordnende Konjunktionen handelt. Die Satzstellung hilft Ihnen bei Ihrer Entscheidung.

1. Du hältst dich an die Regeln **oder** du spielst nicht mehr mit.

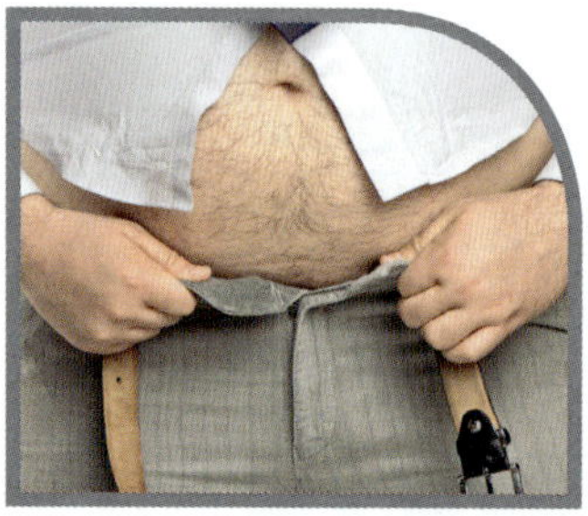

2. Ich bin nicht zu dick, **sondern** die Hose ist zu klein.

3. Ich war **so** wütend auf ihn, **dass** ich kein Wort mehr mit ihm sprach.

4. Mir ist heiß **und** ich habe Durst.

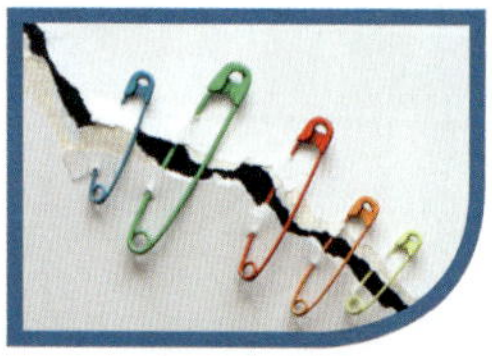

5. Ich war so müde, **aber** ich konnte nicht schlafen.

6. Ich gehe wieder, **wenn** sie nicht bald kommt.

7. Mach mal deine Jacke zu, **denn** es ist wirklich kalt.

8. Ich kann heute nicht kommen, **weil** ich krank bin.

2. Alle Konjunktionen auf einen Blick

Finden Sie die 35 Konjunktionen, die sich im Wortgitter versteckt haben, und ordnen Sie sie den unterschiedlichen Kategorien zu. Die Farben der Anfangsbuchstaben helfen Ihnen.

denn

b	a	b	c	**s**	d	**b**	e	**s**	f	**w**	g	h
e	**n**	t	**w**	e	**d**	e	r	o	d	e	r	i
z	i	**s**	o	i	a	v	j	w	k	d	l	**n**
i	c	o	h	t	m	o	m	**o**	**d**	e	r	a
e	h	d	i	d	i	r	n	h	e	r	o	c
h	t	a	n	e	t	p	q	l	n	n	r	h
u	n	s	g	m	**d**	**s**	s	a	n	o	t	d
n	u	s	e	u	a	o	**a**	l	s	c	v	e
g	r	w	g	**j**	s	w	x	s	y	h	z	m
s	s	a	e	e	**s**	o	l	a	n	g	e	**s**
w	o	**u**	n	d	b	h	c	u	d	e	f	o
e	n	g	h	o	i	l	j	c	k	**w**	l	n
i	d	m	n	c	o	**w**	ä	h	r	e	n	d
s	e	**d**	**a**	h	p	i	q	r	s	n	t	e
e	r	**o**	b	g	l	e	i	c	h	n	**s**	r
i	n	d	e	m	u	l	**f**	**b**	i	**s**	o	n
v	a	w	r	x	y	u	**a**	l	s	o	b	z
a	u	b	c	d	e	f	l	f	g	w	a	h
i	c	**o**	b	w	o	h	l	**w**	e	i	l	j
o	h	n	e	d	a	s	s	**w**	i	e	d	k

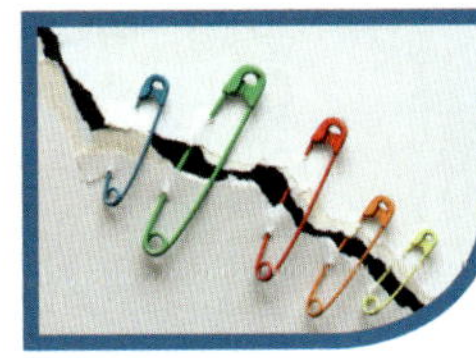

3. Nebenordnende Konjunktionen

Was bezeichnen die Konjunktionen in den folgenden Sätzen? Finden Sie die passende Kategorie.

1. Reihung

2. Alternative

3. Gegensatz

4. Begründung

4. Position 1 oder Position 0?

Schreiben Sie die Sätze neu, indem Sie die vorgegebene Konjunktion benutzen.

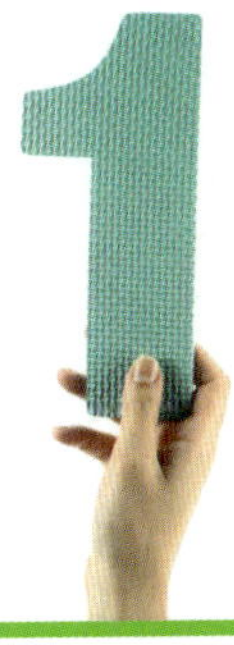

Ich liebe Tiere, **deswegen** bin ich Vegetarier.

1. Ich bin Vegetarier,

____

____

denn

Hilfe! Uns ist heiß, **außerdem** haben wir Durst.

2. Hilfe! Uns ist heiß

____

____

und

Es regnet viel, **jedoch** ist mir das egal!

3. Es regnet viel,

____

____

aber

5. Unterordnende Konjunktionen

Was bezeichnen die Verben in den folgenden Sätzen? Finden Sie die passende Kategorie.

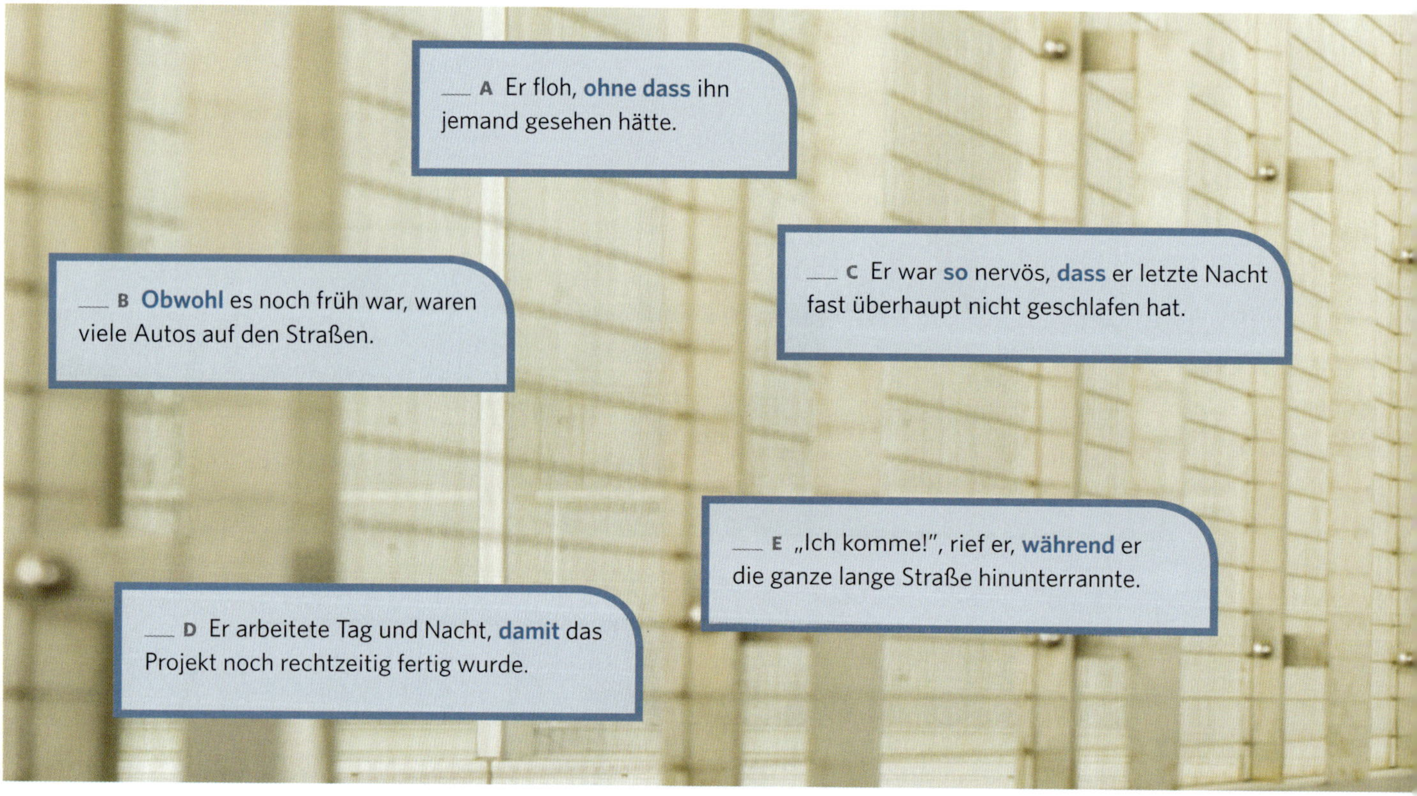

___ **A** Er floh, **ohne dass** ihn jemand gesehen hätte.

___ **B** **Obwohl** es noch früh war, waren viele Autos auf den Straßen.

___ **C** Er war **so** nervös, **dass** er letzte Nacht fast überhaupt nicht geschlafen hat.

___ **D** Er arbeitete Tag und Nacht, **damit** das Projekt noch rechtzeitig fertig wurde.

___ **E** „Ich komme!", rief er, **während** er die ganze lange Straße hinunterrannte.

1. Zeitbegriff

2. Zweck / Ziel

3. Begründung

4. Bedingung

5. Einräumung

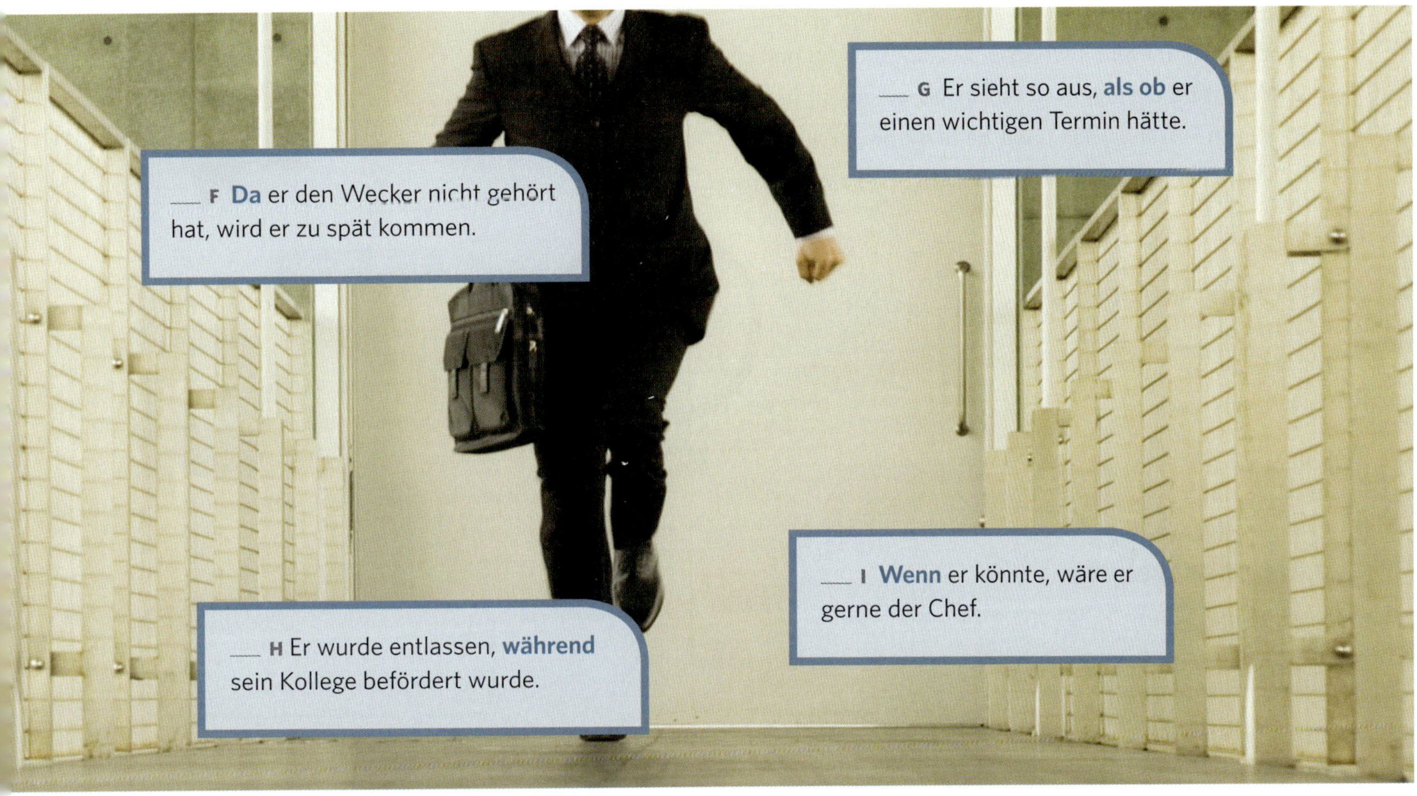

___ **F** **Da** er den Wecker nicht gehört hat, wird er zu spät kommen.

___ **G** Er sieht so aus, **als ob** er einen wichtigen Termin hätte.

___ **H** Er wurde entlassen, **während** sein Kollege befördert wurde.

___ **I** **Wenn** er könnte, wäre er gerne der Chef.

6. Folge

7. Gegensatz

8. Art und Weise

9. Vergleich

6. Zwei Konjunktionen, viele Bedeutungen

Verbinden Sie die Sätze mit den entsprechenden Funktionen, die die Konjunktionen ausdrücken.

1. Ich bin immer froh, **wenn** Oma zu Besuch kommt.
2. **Während** die Sonne schien, lagen wir am Strand.
3. **Wenn** ich heute Zeit habe, helfe ich dir gerne.
4. **Während** es gestern regnete, scheint heute die Sonne.

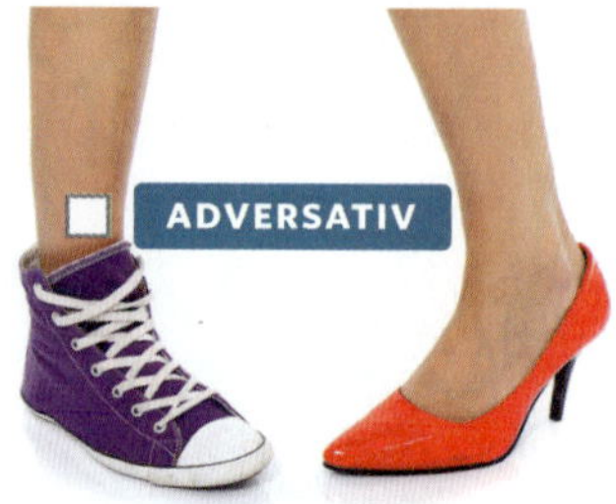

☐ ADVERSATIV

☐ TEMPORAL

☐ TEMPORAL

☐ KONDITIONAL

7. *Als* oder *wenn*?

Ergänzen Sie die Sätze mit **wenn** oder **als**.

1. ________ der Wecker klingelt, stehe ich sofort auf.

2. ________ ich jung war, wollte ich keine Kinder haben.

3. ________ du kommst, bring eine Flasche Wein mit.

4. ________ ich noch gearbeitet habe, bin ich viel gereist.

5. ________ meine Mutter krank war, habe ich für sie gebügelt.

6. ________ du mit dem Abendessen fertig bist, kannst du aufräumen.

8. Position 1 oder Nebensatz?

Schreiben Sie die Sätze neu, indem Sie die vorgegebene Konjunktion benutzen.

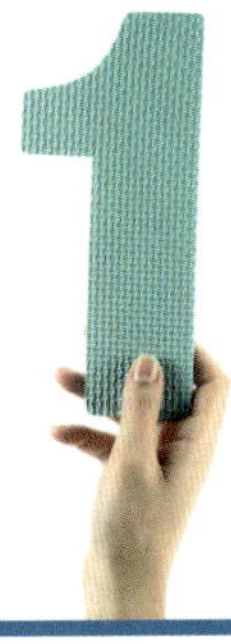

Ich habe sie eingeladen, **trotzdem** sind sie nicht zu meiner Party gekommen.

1. Sie sind nicht zu meiner Party gekommen, ____________________

____

obwohl

Ich brauche Sonne. **Deshalb** fahre ich in den Süden.

2. Ich fahre in den Süden, ____________________

____

weil

Ich habe den Bus verpasst, **also** bin ich zu spät gekommen.

3. Ich habe den Bus verpasst, ____________________

____

sodass

13 Die Modalpartikeln

Was sind Modalpartikeln?

Wofür **benötige** ich sie?

1. Emotionen

Welche Emotionen haben die Sprecher der folgenden Sätze?

Die Modalpartikeln werden vor allem in der gesprochenen Sprache benutzt, um Emotionen oder Haltungen des Sprechers auszudrücken.

1
Jetzt tu doch was! Du siehst doch, dass er nicht schwimmen kann.

2
Du bist aber groß geworden!

3
Dann gehe ich eben zu Fuß!

4
Wo habe ich das Papier bloß hingelegt?

5
Heute kommt wohl keiner mehr.

6
Kannst du mir mal einen Stift leihen?

7
Was ist denn? Warum weinst du denn?

8
Eigentlich möchte ich lieber einen Liebesfilm sehen.

9
Hast du etwa Angst vor dieser kleinen Spinne?

A 

____

B 

____

C 

____

D 

____

2. Eine Situation, verschiedene Haltungen

Auf je zwei Bildern ist eine ähnliche Situation dargestellt. Aber die Haltung der Sprecher ist sehr unterschiedlich. Wählen Sie die jeweils passende Modalpartikel.

aber | wohl | eigentlich | denn | bloß | doch | mal | doch

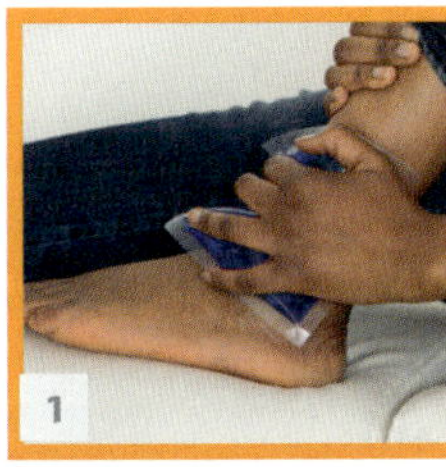
1

Was hast du ________ gemacht?

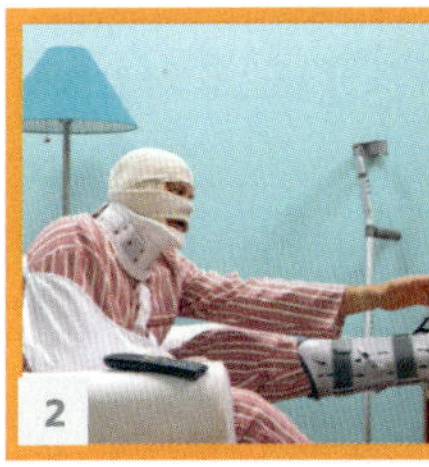
2

Was hast du ________ gemacht?

Du hast ________ Hunger!

3

Du hast ________ keinen Hunger.

4

5

Jetzt seid ________ endlich still!

6

Jetzt seid ________ ganz still!

Das stimmt ________ nicht.

7

Das stimmt ________ nicht.

8

14 Die Satzglieder

Was sind Satzglieder?

Worauf muss ich bei den einzelnen Satzgliedern achten?

1. Alle Satzglieder auf einmal

Überlegen Sie, aus welchen Satzgliedern die Sätze des Dialogs bestehen. Sortieren Sie sie in die entsprechenden Kästen unten.

Entschuldigen | Sie! | Können | Sie | mir | helfen? | Ich | suche | das Stadtzentrum.

Das | ist | ganz einfach. | Lassen | Sie | mich | mal | einen Blick | auf Ihren Stadtplan | werfen. | Dann | kann | ich | Ihnen | den Weg | besser | erklären.

Verben (sagen aus, was geschieht oder jemand macht)

Subjekte (Nominativergänzung des Verbs)

Objekte (Akkusativ- und Dativergänzung, Präpositionalobjekte)

weitere Angaben (Adjektive nach 'sein', Modalpartikeln, Konjunktionen, Adverbien)

2. Das Subjekt

Finden Sie das passende Subjekt. Entscheiden Sie: Muss es vor oder hinter dem Verb stehen?

Das Subjekt steht in Aussagesätzen meist am Satzanfang, kann aber auch in der Satzmitte stehen, wenn der Satzanfang z. B. durch eine Zeit- oder Ortsangabe besetzt ist.

ich | ich | mein Name | meine Eltern | meine Familie

______ ist ______ Kreis. ______ komme ______ aus Russland. Bis 1988 ______ hat ______ in Omsk gewohnt. Dort ______ bin ______ fünf Jahre zur Schule gegangen. Dann ______ sind ______ mit uns Kindern nach Deutschland gegangen. Hier ______ habe ______ dann mein Abitur gemacht und studiert.

3. Das Verb und seine Teile

Unterstreichen Sie im folgenden Text alle Verbteile und sortieren Sie die Sätze in die Box ein.

Was hat mein Lehrer gesagt? „Passen Sie auf! Verben können aus mehreren Teilen bestehen. Der zweite Verbteil wird immer ans Satzende gestellt. Womit würden Sie in dieser Übung also anfangen?" Hmm, schwierig. Da gehe ich lieber erst mal eine rauchen.

Modalverben				
trennbare Verben				
zusammengesetzte Zeiten				
Konjunktiv II				
Passivformen				
mehrteilige Verben				

4. Die Stellung der Objekte im Satz (Substantive)

Bald ist Weihnachten. Robert überlegt, was er wem schenken könnte. Ergänzen Sie unten seine Ideensammlung.

5. Die Stellung der Objekte im Satz (Pronomen)

Ergänzen Sie die fehlenden Personalpronomen im Akkusativ und Dativ.

1. Sind beide Objekte Substantive (Übung 4), steht das Dativobjekt vor dem Akkusativobjekt.

2. Sind beide Objekte Pronomen (Übung 5), steht das Akkusativobjekt vor dem Dativobjekt.

Waaaas? Du kennst mein neues Auto noch gar nicht?! Dann komm mal mit. Ich zeige ________ ________ !

1

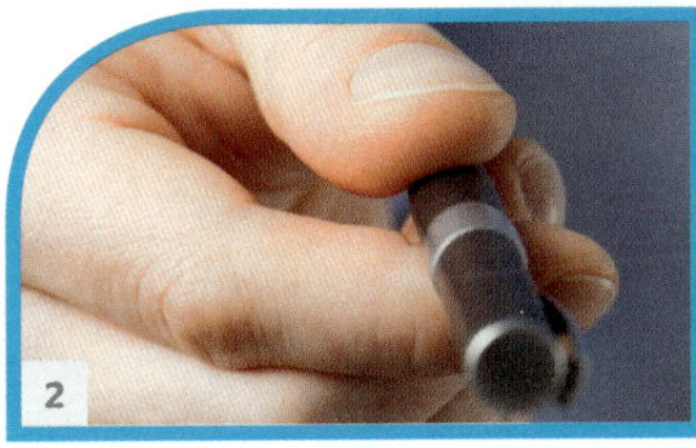

2

Ich wollte Ihnen nur Ihren Stift wiederbringen. Danke, dass Sie ________ ________ geliehen haben!

Sie suchen nach einer passenden Reise für sich und Ihre Frau? Diese Reise hier ist wirklich toll. Ich kann ________ ________ nur empfehlen!

3

Hat ein Verb zwei Objekte bei sich, so steht
- die Person im Dativ,
- die Sache hingegen im Akkusativ.

6. Die Präpositionalobjekte

Miriam hat eine Einladung von Anna bekommen und möchte ihr antworten. Formulieren Sie ihre Ideen zu ganzen Sätzen. Manche Großbuchstaben und die Satzzeichen geben einen Hinweis auf den Satzfang und das Satzende.

Manche Verben treten fast immer mit einer Präposition auf. Die Präposition bestimmt den Kasus (Akkusativ oder Dativ). Präpositionalobjekte stehen meistens am Ende der Satzmitte.

1. Dank deine Einladung. für vielen

2. darüber gefreut. habe Ich mich sehr

3. an dich gedacht. habe Ich oft

4. Aber mich die musste ich Kinder um kümmern, einer nach Wohnung suchen an arbeiten. Dissertation meiner und

5. Da Briefe. einfach für ich keine hatte Zeit

6. Aber auf deine freue ich mich Party. schon

7. auf Fall. Ich jeden komme

8. auf Du dich kannst mich verlassen.

9. deinem etwas Fest ich mitbringen? Soll zu

10. bei Du dich ja melden. mir noch mal kannst

11. alles Dann können sprechen. Weitere wir über

7. TEKAMOLO

Suchen Sie die passenden Angaben zu den beiden Bildern und bauen Sie sie in der richtigen Reihenfolge in die Sätze unten ein! Stellen Sie danach die Sätze wie angegeben um.

Wenn es mehrere Angaben im Satz gibt, werden sie folgendermaßen sortiert:
temporal - kausal - modal - lokal

zur Arbeit
beim ersten Tor
letzten Winter
vor Begeisterung
wegen des Schnees
zu Fuß
von ihren Plätzen
laut jubelnd

1. A Ich bin ______ ______ ______ ______ gegangen.

B [ ] ______ ______ ______.

C [ ] ______ ______ ______.

2. A Die Zuschauer sprangen ______ ______ ______ ______ auf.

B [ ] ______ ______ ______.

C [ ] ______ ______ ______.

15 Die Satzarten

Welche Arten von Sätzen gibt es im Deutschen?

Wann verwende ich welche Satzart?

Was muss ich bei ihrer **Bildung** beachten?

1. Positionen im Aussagesatz

Bringen Sie die Sätze in die richtige Reihenfolge.

ich	zu	viel	gearbeitet	habe	Heute	.

1. Heute ________________________________

Er	seiner	eine	mitgebracht	Freundin	Rose	hat	.

2. Er ________________________________

Dieses Urlaub Jahr unsere den fahren . allein Tochter möchte in

3. *Dieses* ________________________

des wegen bin gefahren Gestern Schnees dem ich . Auto mit

4. *Gestern* ________________________

2. An erster Position

Welche Elemente können normalerweise an der ersten Position stehen? Es gibt immer mindestens zwei Möglichkeiten.

1

mache – ich – ab morgen – eine Diät

›

›

2

um 19 Uhr – schließen – die Fischhändler – in Deutschland

›

›

›

3

den ganzen Tag – ich – geschlafen – habe

›

›

3. Der verneinte Satz

Verneinen Sie den fabigen Satzteil oder den ganzen Satz.

4. Ohne oder mit Fragewort?

Erganzen Sie die Sätze und verbinden Sie dann jede Frage mit der entsprechenden Antwort.

1. ______________ habt ihr in der Schweiz gekauft?

2. Es ist schon spät. __________ du __________ müde?

3. ______________ fängt der Unterricht an?

4. ______________ es oft in Deutschland?

5. ______________ ist dieses Geschenk?

6. ______________ du gut geschlafen?

____ A Ja, im Herbst regnet es oft.

____ B Nichts. Alles war so teuer!

____ C Nein! Mein Kind hat die ganze Nacht geweint.

____ D Doch! Ich gehe jetzt auch ins Bett.

____ E Um 18 Uhr, wenn der Lehrer pünktlich ist.

____ F Für meine Mutter. Sie hat heute Geburtstag.

5. Imperativsatz

Was sagt die Sekretärin ihrem Chef? Und das Mädchen ihren Eltern? Und der Hund seinem Besitzer? Schreiben Sie die Sätze im Imperativ.

mich nicht unterbrechen: ____________________

einen Kamillentee trinken: ____________________

mir eine Gehaltserhöhung geben: ____________________

1

das Zimmer aufräumen: ____________________

nicht bockig sein: ____________________

gehen sofort ins Bett: ____________________

2

nicht weg gehen: ____________________

mit mir spielen: ____________________

mir mein Futter geben: ____________________

3

6. Die große Frage

Bilden Sie kausale Nebensätze mit den vorgegebenen Elementen. Achten Sie auf die Wortstellung!

1. haben/weil/Papa/ich/und/uns/lieb

______________________________!

2. ich/werden/weil/Mama/wollte

______________________________!

3. war/weil/Leben/dich/das/ohne/langweilig

______________________________!

Mama, warum bin ich auf der Welt?

7. Wozu lernst du Deutsch?

Bilden Sie finale Nebensätze mit den vorgegebenen Elementen und **damit** oder **um ... zu**. Denken Sie daran, die Verben anzugleichen.

Ich lerne Deutsch, ...

1. in Deutschland/studieren

______________________________.

2. du/können/mich/verstehen

______________________________.

3. mein/werden/bezahlt/Job/gut/erster

______________________________.

4. Bücher/lesen/deutsche/können

______________________________.

8. Ergebnisse

Ergänzen Sie die Sätze mit **sodass** oder **so ... dass**.

1. Er ärgerte ______ sich, ______ er plötzlich losschrie.

2. Er war ______ entsetzt, ______ er die Augen schloss.

3. Sie war ______ müde, ______ sie plötzlich einschlief.

4. Sie arbeitete ______ zu viel, ______ sie krank wurde.

9. Ja, aber ...

Welche Sätze gehören zusammen? Ordnen Sie zu.

1. Sie geht nicht zum Arzt, ...

2. Wir haben eine kleine Wohnung, ...

3. Ich will spazieren gehen, ...

4. Er möchte ein neues Auto, ...

____ A **obwohl** es so stark regnet.

____ B **obwohl** er kein Geld hat.

____ C **obwohl** sie krank ist.

____ D **obwohl** wir vier Kinder haben.

10. Die Zeitenfolge in temporalen Nebensätzen

Ergänzen Sie die richtigen Verbformen.

1. **Wenn** ich am Computer arbeite, (spielen) __________ mein Sohn neben mir.
2. **Als** ich ein Kind war, (wohnen) __________ wir auf dem Land.

3. Er geht spazieren, **sobald** er (essen) __________.
4. Er ging spazieren, **nachdem** er (essen) __________.

5. Ich gehe schnell einkaufen, **bevor** die Geschäfte (schließen) __________.
6. Ich fahre mit dem Fahrrad, **bis** das Auto wieder (funktionieren) __________.

11. Vergleiche

Antworten Sie wie im Beispiel.

War das Geschenk schön?

Es war *schöner, als* ich erwartet hatte.

Es war *nicht so schön, wie* ich erwartet hatte.
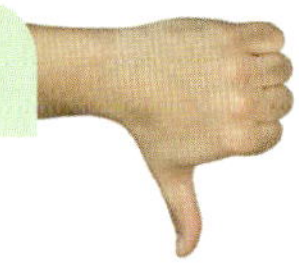

1. War das Buch spannend?

Es war ____________, ________ ich gedacht hatte.
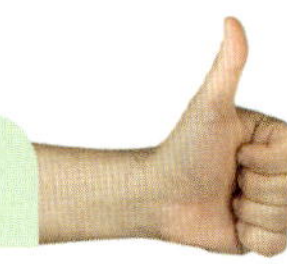

Es war ________________, ________ ich gedacht hatte.
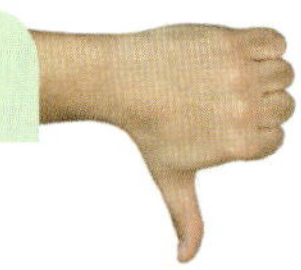

2. War der Film interessant?

Er war ____________, ________ ich geglaubt hatte.
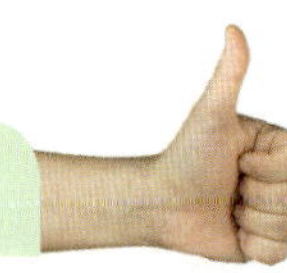

Er war ________________, ________ ich geglaubt hatte.
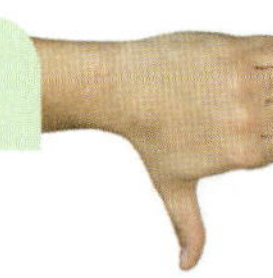

3. War die Prüfung einfach?

Sie war ____________, ________ ich gehofft hatte.

Sie war ________________, ________ ich gehofft hatte.
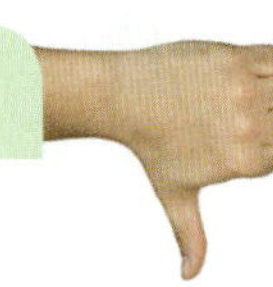

12. Bedingungen und Konsequenzen

Was antwortet der Mann? Ergänzen Sie die Nebensätze, die er auflistet.

Wieso liebst du mich nicht mehr?

Ich würde dich noch lieben, ...

1. wenn du nicht immer so nervös (sein) ______________.

2. wenn du nicht immer mein Handy (kontrollieren) ______________.

3. wenn du mich nicht ständig (kritisieren) ______________.

4. wenn du meine Mutter (lieben) ______________.

13. Ergänzungen

Verbinden Sie die Bilder mit den passenden Wörtern. Bilden Sie dann einen Nebensatz mit **zu** + Infinitiv.

1

die - hast - Möglichkeit - zu - du - auswählen

____

2

mich - zu - ich - Schwierigkeiten - konzentrieren - habe

____

3

ist - essen - empfehlenswert - gesund - zu - es

____

4

ich - zu - Lust - habe - große - spielen - heute

____

5

einkaufen - hatte - zu - keine - ich - Zeit

____

14. Näherei

Verbinden Sie die Sätze mit einem Relativpronomen.

1. Ich habe meine Tante besucht.	Meine Tante lebt in Frankreich.
2. Das sind Freunde.	Mit ihnen verbringe ich viel Zeit.
3. Ich habe die Antwort meiner Schwester heute erst bekommen.	Ich habe ihr schon vor einem Monat geschrieben.
4. Endlich kommt der Zug.	Wir mussten so lange auf ihn warten.
5. Das ist Herr Wolf.	Seine Frau arbeitet mit mir.

1. ______________________________

2. ______________________________

3. ______________________________

4. ______________________________

5. ______________________________

15. Indirekte Frage

Wandeln Sie die direkten Fragen in indirekte Fragesätze um.

1. Anke fragt ihre Kollegin, ______________________________
2. Andreas versteht nicht, ______________________________
3. Petra möchte wissen, ______________________________
4. Hanna fragt ihre Kollegen, ______________________________
5. Hans fragt sich, ______________________________

16 Das Deutsch in Österreich und in der Schweiz

Welche **Unterschiede** in der deutschen Sprache gibt es in Deutschland, in Österreich und in der Schweiz?

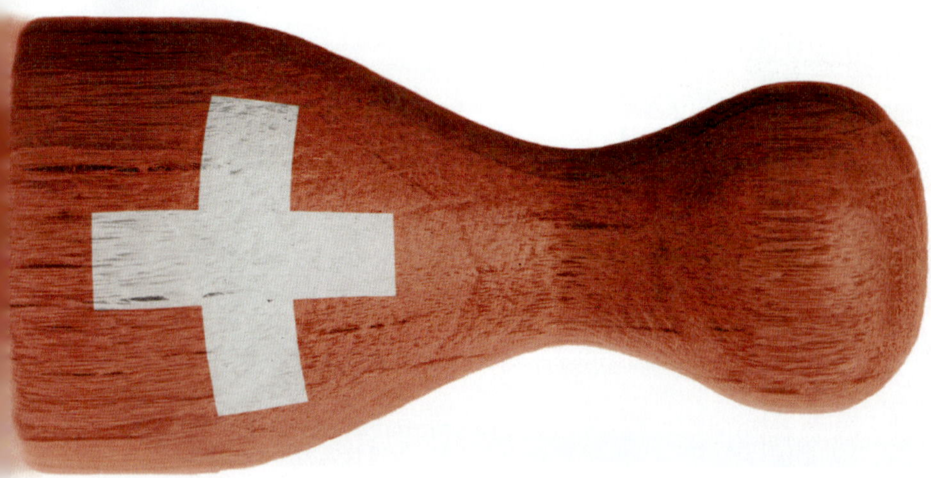

1. Willkommen in Österreich!

Wie werden die folgenden Sätze in Österreich ergänzt?

bin | Dienstgeber | Wägen | Würstel

1. Ich hätte gern ein __________!

2. Ich liebe meine __________!

3. Ich ______ auf dem Boden gelegen... Ich war so müde!

4. Mein __________ hat mich gerade entlassen.

2. Willkommen in der Schweiz!

Wie werden die folgenden Sätze in der Schweiz ergänzt?

Das | Glätteisen | parkieren | Stückli

1. Ist das ____________ zu heiß?

2. Ich esse ein ____________ Käse.

3. Hier darf man nicht ____________!

4. ____________ Kaffee schmeckt mir sehr gut.

Lösungen

Kapitel 1

1. 1. fett, Suppe, Lamm, kalt, 2. leer, Wahl, Bier, Huhn
2. 1. Guten Morgen, 2. Darf ich stören, 3. Ich habe mich verlaufen
3. ... ein Mann, der hatte einen Zahn. Der Zahn tat ihm weh, da sprang er in den See. Der See war ihm zu kalt, da ging er in den Wald. ...
4. 1. Hose - Rose, 2. hier - wir, 3. Rat - Sonnenbad, 4. Eis - heiß, 5. sehr - schwer, 6. gespannt - Hand

Kapitel 2

1. 1. der, 2. den, 3. das, 4. die, 5. dem, 6. des, 7. der, 8. die, 9. den, 10. der
2. der König, der Turm, die Dame, die Figuren, das Spiel
3. 1. E das, 2. C die, 3. D der, 4. F der, 5. B der, 6. A die
4. 1. aufs, 2. beim, 3. zur, 4. ins
5. 1. ein, 2. einen, 3. ein, 4. eine, 5. einem, 6. eines, 7. einer, 8. -
6. eine, eine, einen, ein, ein, ein
7. 1. Es war einmal eine böse Fee. Eines Tages entdeckte die böse Fee einen Garten. Der Garten gehörte einem Zwerg. Dort fand die böse Fee die Schuhe eines Riesen.
   2. Es war einmal ein Kind. Eines Tages entdeckte das Kind ein Haus. Das Haus gehörte einer Hexe. Dort fand das Kind die Schuhe eines Mädchens.
   3. Es war einmal ein Drache. Eines Tages entdeckte der Drache eine Burg. Die Burg gehörte einem Gespenst. Dort fand der Drache die Schuhe einer Prinzessin.
   (Andere Kombinationen sind möglich.)
8. 1. A, 2. E, 3. G, 4. D, 5. B, 6. F, 7. C
9. 1. einen, eine, 2. Die, des, einen, 3. Die, ein, einem
10. 1. kein, 2. keinen, 3. kein, 4. keine, 5. keinem, 6. keines, 7. keiner, 8. keine, 9. keinen, 10. keiner
11. 1. keine, 2. kein, 3. keine, 4. keinen, 5. keine, 6. keine; Walter ist die Nummer 2
12. 1. Nein, ich habe keine Lösung.
    2. Nein, ich will dich nicht heiraten.
    3. Nein, ich kann nicht Geige spielen.
    4. Nein, ich kann nicht gut schlafen.
    5. Nein, wir trinken kein Wasser.
13. 1. Akira ist Japaner. 2. Sie kommen aus Italien. 3. Hast du Durst? 4. Er will Arzt werden. 5. Dein Herz ist aus Stein.
14. 1. –, Ein, einem, Der, der, des; 2. –, ein, keine, –, –; 3. –, -, eine, keine, -

Kapitel 3

1. 1. Urlaub: Abstraktes, 2. Wahl: Abstraktes, 3. Getränk: Konkretes, 4. Angst: Abstraktes, 5. Wind: Konkretes, 6. Fieber: Konkretes
2. 1. Sicht, 2. Flug, 3. Dach, 4. Erfrierungen
3. 1. beides, 2. weiblich, 3. beides
4. der: Morgen, Vater, April, Montag, Schnee, Winter, Lehrer; die: Tochter, Ärztin, Tanne, Geranie; das: Betreten, Beste, Ganze
5. der: Boden, Fehler, Liebling, Pfennig, Kaiser, Motor; die: Zeitung, Puppe, Faulheit, Fakultät, Tätigkeit, Konditorei, Botschaft; das: Forum, Tischlein, Brötchen, Zeugnis, Experiment
6. 1. die Kaffeemaschine, 2. das Kinderbett, 3. die Brieftasche, 4. der Flughafen
7. Singular: Stunde, Bluse, Ofen, Hose, Schloss; Plural: Fotos, Väter, Freunde, Kleider, Frauen
8. -e: die Berge, die Städte, die Wände; -n: die Blumen, die Jungen; -en: die Prüfungen, die Taten
9. -er: die Felder, die Wunder; -: die Büchlein, die Äpfel, die Münder, die Lehrer; -s: die Sofas
10. 1. die Männer, 2. die Bäume, 3. die Jahre, 4. die Autos
11. 1. die Gesundheit, 2. das Gold, 3. das Rauchen, 4. das Gemüse, das Geschirr, 5. der Nebel, die Kälte; Diese Wörter können den Plural bilden:
    der Ski - die Skier, die Freundschaft - die Freundschaften, die Süßigkeit - die Süßigkeiten, die Gabel - die Gabeln
12. 1. Niederlande, 2. Kosten, 3. Möbel, 4. Geschwister, 5. Tropen, 6. Spielsachen
13. 1. C Tieren, 2. F meinen Freundinnen, 3. E den Kollegen, 4. D meinen Puppen, 5. B meinen Eltern, 6. A den Kindern
14. 1. E Zettelsystems, 2. D Leiters, 3. A Freundes, 4. C Vaters; zu viel: B + F
15. den Löwen, dem Löwen, des Löwen; den Fotografen, dem Fotografen, des Fotografen
16. 1. der Hase - den Hasen, der Experte - den Experten, der Erbe - den Erben, der Neffe - den Neffen; 2. der Tourist - den Touristen, der Kandidat - den Kandidaten, der Philosoph - den Philosophen, der Präsident - den Präsidenten, der Emigrant - den Emigranten, der Kamerad - den Kameraden; keine n-Deklination: Eule, Prozent, Käse
17. 1. Nachbarn, 2. Herrn, 3. Bauern
18. des Gedankens, des Namens, des Herzens, des Friedens
19. 1. Ich bin Franzose. 2. Ich bin Japaner. 3. Ich bin Schotte. 4. Ich bin Russe. 5. Ich bin Grieche. 6. Ich bin Ire. 7. Ich bin Spanier.
    keine n-Deklination: Japaner, Spanier
20. 1. H, 2. D, 3. A, 4. E, 5. F, 6. G, 7. C, 8. B
21. den Belgier, dem Belgier, des Belgiers; den Finnen, dem Finnen, des Finnen
22. der Amerikanerin, dem Franzosen, die Spanier, die Schweizerinnen, des Italieners, die Engländerin/die Britin, den Polen, den Brasilianern

23. 1. C Goethes, 2. H Rumäniens, 3. F Strauss', 4. B Deutschlands, 5. D Bordeaux', 6. E Mozarts, 7. A Beethovens, 8. G Manns

24. -es: des Tisches, des Geistes, des Pilzes; -s: des Vaters, des Onkels

25. den Babys, den Fischen, den Sofas, den Omas, den Haaren, den Restaurants

Kapitel 4

1. 1. glücklich (ohne Endung), 2. hungrig (ohne Endung), 3. besorgtes (mit Endung), 4. tiefen (mit Endung), 5. harten (mit Endung), 6. schüchtern (ohne Endung)

2. -bar: brauchbar, wunderbar; -haft: nebelhaft, herzhaft; -los: zeitlos, herzlos, mutlos, sprachlos; -sam: langsam, wundersam; -lich: länglich, wunderlich, farblich, zeitlich, kindlich, herzlich, sprachlich, heimlich; -isch: kindisch, heimisch; -ig: nebelig, farbig, zeitig, mutig, herzig

3. 1. wirksam, 2. wunderlich, 3. farblich, 4. künstlich, 5. zeitlos

4. 1. missverständlich, 2. unglaublich, 3. unvorsichtig, 4. widersprüchlich, 5. überfordert, 6. unklar

5. 1. uralt, 2. weltweit, 3. eiskalt, 4. bitterböse

6. 1. C eine lachende Frau, 2. A eine passende Bluse, 3. D ein gestohlenes Fahrrad, 4. B ein gekochtes Ei

7. 1. -er, 2. -en, 3. -es, 4. -e, 5. -em, 6. -en, 7. -er, 8. -e, 9. -en, 10. -er; 11. roten, rotem, roten; 12. frisches, frischem, frischen; 13. warme, warmer, warmer; 14. kalte, kalten, kalter

8. 1. Attraktiver, sportlicher, junge, blonde, guter, 2. aktive, motivierte, gute, schöne, 3. Altes, möblierte, böse, 4. Hübsche, intelligente, netten, kultivierten, interessante, gemütliche

9. 1. schöne, 2. guten, 3. spannende, 4. schwierige

10. 1. -e, 2. -en; 3. klaren, klaren, klaren; 4. grüne, grünen, grünen; 5. tiefe, tiefen, tiefen; 6. vollen, vollen, vollen, vollen

11. 1. der jungen Eltern, 2. des kleinen Kindes, 3. der armen Familie, 4. des berühmten Forschers, 5. des gefährlichen Dieb(e)s

12. 1. Welche bunten Schuhe bevorzugen Sie? – Diese roten passen mir gut! 2. Welche bunte Jacke bevorzugen Sie? – Diese rote passt mir gut! 3. Welchen bunten Mantel bevorzugen Sie? – Dieser rote passt mir gut!

13. 1. -er, 2. -en, 3. -es, 4. -e, 5. verrückten, verrückten, verrückten, 6. süßes, süßen, süßen, 7. lustige, lustigen, lustigen, 8. engen, engen, engen, 9. enge, engen, enger

14. 1. ein schlauer, scheuer Fuchs, 2. eine berufstätige, beschäftigte Mutter, 3. ein seltsames, modernes Wohnzimmer, 4. keine guten, erfreulichen Nachrichten

15. 1. ihrem ehemaligen Mann, 2. ihr geliebtes Schmuckstück, 3. ihrer schlimmen Erkältung, 4. seine ehemalige Frau, 5. über seinen neuen Arbeitsplatz, 6. seiner geliebten Freundin

16. 1. ein saures Gesicht, 2. ein nobler Herr, 3. eine hohe Affinität, 4. das rosa Salz

17. 1. ein netter, enger, guter Freund, 2. ein großes, ungelöstes, finanzielles Problem

18. 1. den Abwesenden, dem Abwesenden, des Abwesenden; 2. die Abwesende, der Abwesenden, der Abwesenden; 3. die Abwesenden, den Abwesenden, der Abwesenden; 4. einen Anwesenden, einem Anwesenden, eines Anwesenden; 5. eine Anwesende, einer Anwesenden, einer Anwesenden; 6. Anwesende, Anwesenden, Anwesender; 7. der Verliebte, ein Verliebter, zwei Verliebte; 8. die Fremde, eine Fremde, viele Fremde; 9. der Blinde, ein Blinder, einige Blinde

19. 1. kräftiger, am kräftigsten; 2. lustiger, am lustigsten; 3. bequemer, am bequemsten

20. 1. älter, am ältesten; 2. teurer, am teuersten; 3. höher, am höchsten

21. 1. einfacher - am einfachsten, reicher - am reichsten, dicker - am dicksten, dünner - am dünnsten, kleiner - am kleinsten; 2. besser - am besten, saurer - am sauersten, kürzer - am kürzesten, wärmer - am wärmsten, netter - am nettesten

22. 1. jünger, am jüngsten; 2. größer, am größten

23. 1. Die Mutter ist müder als die Kinder. 2. In Berlin ist es kälter als in Rom. 3. Der Rotwein schmeckt besser als der Weißwein. 4. Das Kleid ist neuer als die Schuhe. 5. Die Maus ist schneller als der Hase. 6. Kinder essen lieber Eis als Gemüse.

24. 1. Die Katze ist dicker als der Hund. 2. Ich bin so groß wie du. 3. Sie ist so alt wie ich. 4. Das Kind ist fleißiger als das Baby.

25. 1. Könnten Sie bitte weniger leise / nicht so leise erklären? 2. Könnten Sie bitte weniger oft / nicht so oft stören? 3. Könntet ihr bitte weniger laut / nicht so laut spielen? 4. Könnten Sie bitte weniger / nicht so viel sprechen?

26. 1. E kleinste, 2. D am langsamsten, 3. A breiteste, 4. F höchste, 5. C am schnellsten, 6. B meisten

27. 1. ganz, 2. sehr, 3. besonders, 4. total, 5. ziemlich, 6. relativ, 7. recht, 8. halbwegs

Kapitel 5

1. 1 eins, 2 zwei, 3 drei, 4 vier, 5 fünf, 6 sechs, 7 sieben, 8 acht, 9 neun, 10 zehn, 11 elf, 12 zwölf, 13 dreizehn, 14 vierzehn, 15 fünfzehn, 16 sechzehn, 17 siebzehn, 18 achtzehn, 19 neunzehn

2. 22 zweiundzwanzig, 23 dreiundzwanzig, 24 vierundzwanzig, 25 fünfundzwanzig, 26 sechsundzwanzig, 27 siebenundzwanzig, 28 achtundzwanzig, 29 neunundzwanzig, 40 vierzig, 50 fünfzig, 80 achtzig, 90 neunzig, 100 (ein)hundert, 200 zweihundert, 300 dreihundert, 400 vierhundert, 500 fünfhundert, 600 sechshundert, 700 siebenhundert, 800 achthundert, 900 neunhundert

3. Blau hat gewonnen.

4. 1. 360 dreihundertsechzig, 2. 24 vierundzwanzig, 3. 128 einhundertachtundzwanzig, 4. 80 achtzig, 5. 242 zweihundertzweiundvierzig, 6. 35 fünfunddreißig

5. 1. H, 2. E, 3. I, 4. J, 5. A, 6. C, 7. K, 8. F, 9. G, 10. B, 11. D, 12. L, 13. Mitternacht / zwölf Uhr mittags. 14. Es ist 13 Uhr / 1 Uhr mittags.

6. 1. Es ist zweiundzwanzig Uhr vierzig / zwanzig vor elf. 2. Es ist zwanzig Uhr dreißig / halb neun. 3. Es ist zwölf Uhr fünfundfünfzig / fünf vor eins. 4. Es ist achtzehn Uhr fünfzehn / Viertel nach acht. 5. Es ist vier Uhr fünfunddreißig / fünf nach halb fünf.

7. 1. neunzehnhundertfünfundvierzig C, 2. zweitausendfünf D, 3. neunzehnhunderteinundsechzig A, 4. neunzehnhundertneunundachtzig E, 5. fünfzehnhundertsiebzehn B

8. 1. 40 > Zweiunddreißig plus acht ist (gleich) vierzig. 2. 35 > Fünfzig minus fünfzehn ist (gleich) fünfunddreißig. 3. 100 > Zehn mal zehn ist (gleich) (ein)hundert. 4. 8 > Sechzehn (geteilt) durch zwei ist (gleich) acht.

9. 1. Ein Viertel, Drei Viertel, 2. Ein Drittel, Zwei Drittel

10. 1. D zweieinhalb, 2. A ein Viertel, 3. B ein halbes, 4. C eineinhalb/anderthalb

11. 1. Paar, 2. paar, 3. paar, 4. Paar

12. 1. D, E, I; 2. A, F, G; 3. B, H; 4. C, J

13. 1. dreiundzwanzig Euro neunundvierzig, 2. neunzig Cent, 3. zwölftausend Euro, 4. eine Million Euro

14. 1. Liter, Kilometer; 2. Kilometer pro Stunde/Stundenkilometer; 3. Quadratmeter; 4. Millimeter

15. 1. viermal, 2. ein Drittel, 3. einen Meter siebzig, 4. minus zwölf Grad, 5. fünfundachtzig Quadratmeter, 6. dreizehn Prozent

16. 4. vierte, 5. fünfte, 6. sechste, 7. siebte, 8. achte, 9. neunte, 10. zehnte, 11. elfte, 12. zwölfte, 13. dreizehnte, 14. vierzehnte, 15. fünfzehnte, 16. sechzehnte, 17. siebzehnte, 18. achtzehnte, 19. neunzehnte, 21. einundzwanzigste, 90. neunundneunzigste, 100. hundertste, 102. hundertzweite, 1000. tausendste

17. 1. neunten, 2. vierte, 3. erste, 4. siebte

18. 1. zweite, dritte; 2. erste, zweiten, vierte; Erklärung Nr. 2 führt den Mann zum Ziel.

19. 1. Wir sind zu siebt. 2. Wir sind zu dritt. 3. Wir sind zu elft. 4. Wir sind zu viert. 5. Wir sind zu acht.

20. 2. zweitens, 3. drittens, 4. viertens, 5. fünftens, 6. sechstens, 7. siebtens, 8. achtens

21. 1. D der erste Mai, 2. C der sechzehnte April, 3. F der fünfundzwanzigste Dezember, 4. E der dritte Oktober, 5. B der sechste Januar, 6. A der erste Januar

22. 1. Wir haben den einunddreißigsten Dritten. 2. Am fünften Vierten. 3. Der vierzehnte Zehnte. 4. Am siebten Siebten. 5. Vom zwanzigsten Achten bis (zum) ersten Neunten.

Kapitel 6

1. 1. er, 2. wir, 3. ich, 4. du/Sie, 5. sie, 6. ihr/Sie

2. Akkusativ: mich, dich, ihn/sie/es, uns, euch, sie/Sie; Dativ: mir, dir, ihm/ihr/ihm, uns, euch, ihnen/Ihnen

3. 1. sie ihnen, 2. ihn ihm, 3. sie ihr, 4. es uns

4. 1. Spiel ... an, 2. Fahren Sie, 3. können Sie, 4. Schreib ... ab

5. 1. Auto: es, 2. Sarah ist meine neue Freundin: es, 3. Zahnarzt: es, 4. ruhig: es, 5. Fahrrad: Es, 6. gesund: es, 7. Ferien in der Schweiz: es

6. 1. Es schneit, 2. Es klingelt, 3. Es donnert, 4. Es reicht, 5. Es taut, 6. Es ist schwül

7. 1. sich bedanken, sich erholen; 2. sich waschen, sich anziehen, sich erinnern, sich verstecken, sich befinden, sich freuen, sich wundern, sich kümmern; 3. sich treffen, sich verstehen, sich helfen, sich verabschieden, sich streiten

8. 1. rasiere mir, rasiere mich; 2. wasche mir, wasche mich; 3. ziehst dich, ziehst dir

9. 1. voneinander, 2. nebeneinander, 3. aneinander

10. 1. der, 2. den, 3. das, 4. die, 5. die, 6. dem, 7. der, 8. denen, 9. dessen, 10. deren

11. 1. den, die, die; 2. der, die, die; 3. dessen, deren, deren; 4. dem, der, denen

12. A 3 F, B 1 H, C 4 E, D 2 G

13. 1. die, 2. deren, 3. der, 4. der, 5. die, 6. die

14. 1. Tiere, die im Meer leben, 2. Schuhe, in/mit denen man Sport treibt, 3. Bett, in dem Kinder schlafen, 4. Hütte, in der Hunde leben

15. 1. in der/wo, 2. in der/wo/über die, 3. in die/wohin, 4. womit, 5. wofür, 6. woran, 7. für die, 8. worüber, 9. vor der

16. 1. Wem, 2. Wen, 3. Wer

17. Akkusativ: deinen/euren Wein, dein/euer Bier, deine/eure Milch, deine/eure Getränke; Dativ: deinem/eurem Wein, deinem/eurem Bier, deiner/eurer Milch, deinen/euren Getränken; Genitiv: deines/eures Weins, deines/eures Biers, deiner/eurer Milch, deiner/eurer Getränke

18. unser Glas, sein Besteck, ihr Schuh, mein Ring, deine Brille, ihr Flugzeug, sein Eis, mein Koffer, Ihre Pässe, unsere Kamera/unser Fotoapparat, dein Auto, euer Schiff, seine Pizza, ihre Kirschen, ihr Brot, Ihre Torte

19. 1. meinen (auch mein), 2. unsere, 3. euer, 4. ihres, 5. seine, 6. deinen, 7. ihre, 8. Ihr

20. 1. deine/Ihre, 2. unsere, 3. mein(e)s

21. 1. Akkusativ: diesen, dieses, diese, diese; Dativ: diesem, diesem, dieser, diesen; Genitiv: dieses, dieses, dieser, dieser; 2. Akkusativ: jenen, jenes, jene, jene; Dativ: jenem, jenem, jener, jenen; Genitiv: jenes, jenes, jener, jener

22. 1. diese, 2. jene, 3. dieser, 4. jene, 5. dieser, jene

23. 1. diese, jene; 2. diese, jene; 3. dieses, jenes

24. 1. Das, 2. Den, 3. dem

25. 1. C solchem, 2. A solche, 3. D Solche, 4. B solchen

26. Akkusativ: denselben, dasselbe, dieselbe, dieselben; Dativ: demselben, demselben, derselben, denselben; Genitiv: desselben, desselben, derselben, derselben

27. 1. den gleichen, 2. die gleichen, 3. dasselbe, 4. demselben, 5. denselben, 6. dem (=im) gleichen

28. 1. diejenige, 2. Demjenigen, 3. denjenigen, 4. desjenigen

29. 1. Wem, 2. Wen, 3. Wessen, 4. Was

30. 1. Auf wen, 2. Bei wem, 3. Womit, 4. An wen

31. 1. Welchen, 2. Was für ein, 3. Welche, 4. Was für ein

32. 1. alle, 2. allem, 3. alles

33. 1. D Manche, 2. A beiden, 3. C mehrere, 4. B alle

34. 1. welches, 2. keins, 3. welcher, 4. eins, 5. welche, 6. einen

35. 1. Irgendeiner, 2. irgendeinen, 3. irgendwelche

36. 1. jedem, 2. jeden, 3. jeder, 4. Jedes

37. 1. A, 2. A, 3. P, 4. A, 5. P, 6. P

38. 1. ein Paar, 2. ein paar, 3. ein paar, 4. ein Paar

39. 1. D nichts, 2. B nichts, 3. A etwas, 4. C etwas

40. 1. niemandem, 2. jemanden, 3. einen

Kapitel 7

1. 1. die Geldnot, 2. das Notsegel, 3. das Segelohr, 4. der Ohrwurm

2. 1. ver-, -en, 2. -bar, -keit, 3. ge-, -et, 4. un-, -lich, 5. Ent-, -ung, 6. -d

3. 1. FLIEG-: Ausflug, Fliege, flog, Flug, Flügel, Flugzeug, 2. FLIESS-: einflussreich, fließend, floss, Fluss, Flüssigkeit, überflüssig, 3. REIZ-: Anreiz, gereizt, Reizbarkeit, ausreizen, reizend, Reizhusten, 4. REIS-: Abreisedatum, Einreiseverbot, nachgereist, Reisepass, Weltreise, 5. HALT-: Aufenthalt, Behälter, Haltung, hielt, unterhaltsam, Verhältnis, 6. HELF-: Aushilfe, geholfen, half, Helfer, hilfsbereit, Hilfsmittel

4. 1. S (-los), A, 2. P (ein-), B, 3. S (-er), A, C, 4. S (-rig), A, C, 5. S (-d), A, 6. P (ver-), A (*verschlafen* kann nicht nur ein Verb, sondern auch ein Adjektiv sein), 7. P (aus-, -ge-), A

5. 1. ent- B, 2. zer- G, 3. ver- F, 4. Er- D, 5. un- E, 6. be- A

6. 1. herhaben: Wo hat sie diesen schönen Hut her? (Woher hat sie diesen schönen Hut?) 2. auffallen: Fällt Ihnen etwas auf? 3. nachdenken: Er denkt über seine Lage nach. 4. wegwerfen: Warum werft ihr das nicht einfach weg? 5. losgehen: Es geht bald los. 6. aussuchen: Suchen Sie sich einen aus. 7. zubereiten: Wir bereiten heute etwas Exotisches zu.

7. trennbar: ab-, an-, auf-, aus-, bei-, mit-, vor-, zu-, zurück; ZUPFEN: aufzupfen, auszupfen, zerzupfen, WACHSEN: anwachsen, aufwachsen, auswachsen, bewachsen, einwachsen, entwachsen, mitwachsen, verwachsen, zuwachsen, STEHEN: abstehen, anstehen, aufstehen, ausstehen, bestehen, beistehen, entstehen, verstehen (+ missverstehen), vorstehen, zurückstehen, zustehen

8. 1. auf, 2. mit, 3. zurück, 4. an, 5.ein, 6. bei

9. 1. backen, 2. tanzen, 3. jagen, 4. malen, 5. forschen

10. 1. das Leiterchen, 2. das Steinchen, 3. das Schäufelchen, 4. das Männchen, 5. das Eimerchen

11. 1. Die Tochter ist auch oft quengelig. 2. Die Tochter ist auch nicht schweigsam. 3. Die Tochter ist auch lächerlich. 4. Die Tochter ist auch streitsüchtig. 5. Die Tochter ist auch unerträglich. 6. Die Tochter ist auch manchmal ekelhaft.

12. 1. wunderbar/wundervoll/wundersam, 2. gespenstisch, 3. fabelhaft, 4. künstlich/kunstvoll/künstlerisch, 5. witzig

13. 1. menschenleer, 2. sorgenfrei/sorglos, 3. halbleer (besser: halb leer), 4. humorlos, 5. alkoholfrei

14. 1. traditionsreich, 2. einflussreich, 3. liebevoll, 4. hilfreich,

5. abwechslungsreich, 6. sinnvoll, 6. gehaltvoll

15. 1. salzarm, 2. preiswert, 3. bewundernswert, 4. kalorienarm, 5. rutschfest, 5. eisenarm, 7. feuerfest

16. 1. Substantiv, die, 2. Adjektiv, 3. Substantiv, das, 4. Substantiv, die, 5. Substantiv, der, 6. Adjektiv, 7. Verb, 8. Substantiv, das

17. 1. der Glückspilz, 2. der Pferdebalsam, 3. die Nervensäge, 4. der Schönheitsschlaf, 5. das Sternenzelt, 6. der Bademantel, 7. die Kettenreaktion

18. 1. C, 2. A, 3. B

19. 1. B = die Gießkanne, 2. G = die Kratzspuren, 3. A = der Spürhund, 4. F = der Waschbär, 5. C = die Kehrwoche, 6. D = das Kaugummi (auch: der Kaugummi), 7. E = der Rauchmelder

20. 1. Nachmittag, 2. Überführung, 3. Inland, 4. Ausfahrt

Kapitel 8

1. 1. direktional, 2. final, 3. modal, 4. kausal, 5.lokal, 6. temporal

2. 1. aus reiner Neugier, 2. der Umwelt zuliebe, 3. ohne meine Brille, 4. der Sicherheit halber, 5. den ganzen Tag über, 6. meiner Meinung nach, 7. wegen des Schutzes/des Schutzes wegen, 8. außerhalb der Zivilisation

3. 1. A von ... an, 2. B von ... aus, 3. D aus ... heraus, 4. C um ... herum

4. 1. an + dem, 2. zu + dem, 3. auf + das

5. 1. Bis heute Abend. 2. Für etwa eine Stunde. 3. Gegen Mittag.

6. 1. entlang, 2. um, 3. gegen

7. 1. Ich bin für/gegen alternative Energien. 2. Ich bin für/gegen ein Tempolimit auf der Autobahn. 3. Ich bin für/gegen autofreie Städte.

8. 1. ohne, 2. ohne, 3. durch, 4. ohne, 5. durch

9. a) 1. an, 2. bei , 3. bis zu, 4. in, 5. nach, 6. von ... bis; zwischen, 7. seit, 8. vor, 9. zu, 10. vor; b) 1. an, 2. beim, 3. bis (zum), 4. in, 5. nach, 6. seit, 7. von ... bis, 8. vor, 9. zu, 10. zwischen

10. 1. ab, bei, entlang, gegenüber, 2. aus, nach, von, zu

11. 1. C, 2. C, 3. B

12. 1. mit, 2. nach, 3. mit, 4. mit, 5. nach

13. a) 1. B, 2. D, 3. A, 4. C b) 1. gelb vor Neid, 2. schwarz vor Wut, 3. blau vor Kälte

14. 1. Vor, 2. Aus, 3. vor, 4. vor, 5. vor, 6. aus

15. 1. außerhalb, 2. während, 3. während, 4. innerhalb, 5. während/außerhalb

16. 1. außerhalb, 2. außerhalb, 3. innerhalb

17. 1. Aufgrund/Infolge eines Polizeieinsatzes ... 2. Aufgrund/Infolge des schlechten Wetters ... 3. ... aufgrund/infolge der Klimaerwärmung. 4. Aufgrund/Infolge des Gewitters ... 5. Aufgrund/Infolge eines Virus ...

18. 1. Die Tafel hängt an der Wand. 2. Daniela sitzt hinter Katharina. 3. Tanja hält einen Stift in der Hand. 4. Jörg sitzt zwischen Josef und Fidel. 5. Tims Kaffee steht auf dem Tisch. 6. Manuels Hefte liegen unter dem Laptop. 7. Hanna sitzt neben Robert. 8. Die Kamera ist über der Klasse.

19. 1. auf den Flohmarkt, 2. über die Straße, 3. unter das Dach, 4. vor die Tür

20. 1. das, dem, 2. die, der, 3. das, dem, 4. die, den, 5. den, dem. 6. die, der

21. 1. Auf der Zugspitze. In Bayern. In Deutschland. 2. In meinem Geschäft. In/An der Königstraße. In Stuttgart. 3. Am Strand. In Rio de Janeiro. In Brasilien. 4. Auf Mallorca. Im Mittelmeer.

22. 1. Im Flugzeug. Nach Jamaika. 2. Im Wald. Zum Campingplatz. 3. Im LKW. Nach Barcelona. 4. Im Zug. Zu meiner Tante. 5. Bei meiner Freundin. In die Disko.

Kapitel 9

1. 1. C, 2. D, 3. B, 4. C, 5. A, 6. A, 7. B, 8. B, 9. E

2. 1. wartet B, 2. unten D, 3. Mann A, 4. gut C

3. 1. vorwärts, 2. mittags, 3. dummerweise, 4. auswärts, 5. sonntags, 6. üblicherweise, 7. stadteinwärts

4. gern - lieber - am liebsten, oft - öfter/häufiger - am häufigsten, sehr - mehr - am meisten, wohl - wohler - am wohlsten

5. 1. früher, 2. vorgestern, 3. gestern, 4. vorhin, 5. heute, 6. nachher, später 7. morgen, 8. später, 9. künftig

6. 1. Ich bestelle immer/fast immer/meistens/oft/manchmal/selten/fast nie/nie etwas im Internet. 2. Ich vergesse mein Handy immer/fast immer/meistens/oft/manchmal/selten/fast nie/nie zu Hause. 3. Ich bekomme immer/fast immer/meistens/oft/manchmal/selten/fast nie/nie eine SMS. 4. Ich teile meine Bilder immer/fast immer/meistens/oft/manchmal/selten/fast nie/nie mit Freunden. 5. Ich lade immer/fast immer/meistens/oft/manchmal/selten/fast nie/nie Musik herunter. 6. Ich benutze immer/fast immer/meistens/oft/manchmal/selten/fast nie/nie ein Online-Wörterbuch. 7. Ich gehe immer/fast immer/meistens/oft/manchmal/selten/fast nie/nie mit Freunden aus.

7. 1. Erst, dann, 2. zuletzt, 3. vorher, nachher

8. 1. noch, erst, 2. erst, 3. noch, 4. schon, 5. schon, erst

9. 1. B, 2. F, 3. E, 4. A, 5. D, 6. G, 7. C

10. 1. Wo? 2. Wohin? 3. Woher?, 4. Wo? 5. Woher? 6. Wohin?

11. 1. hierher, 2. dorthin, 3. hinauf, 4. hinunter, 5. heraus

12. 1. aufwärts, nach oben, 2. abwärts, bergab, nach unten, 3. nach vorne, 4. nach hinten

13. 1. Es ist schon spät, darum sollst du ins Bett gehen. 2. Du musst noch Hausaufgaben machen, deswegen kannst du nicht draußen spielen. 3. Unsere Wohnung hat nur zwei Zimmer, daher kaufe ich dir keinen Hund.

14. 1. B, 2. E, 3. F, 4. A, 5. C, 6. D

15. 1. Trotzdem, 2. also, 3. sonst, 4. Dennoch, 5. Darum, 6. ansonsten, 7. Deswegen/Folglich, 8. Gleichwohl, 9. Deswegen/Folglich, 10. Andernfalls

16. 1. Zumindest - Einschränkung/ Bewertung, 2. außerdem - Erweiterung, 3. natürlich - Bewertung, 4. erstens, zweitens - Erweiterung, 5. nur - Einschränkung

17. 1. ganz 0, 2. Besonders ++, 3. keinesfalls -, 4. kaum - , 5. vergebens -, 6. wahrscheinlich ?, 7. Eventuell ?

Kapitel 10

1. 1. lerne D, 2. Nehmen B, 3. hat ... erholt C, 4. fangen an E, 5. hältst A

2. 1. schreiben, 2. schießen, 3. geben, 4. schneiden, 5. spielen, 6. montieren, 7. bringen, 8. legen

3. 1. erzählen, 2. anrufen, 5. absagen, 6. kaufen, 7. informieren

4. 1. auf, 2. über, 3. an, 4. gegen, 5. von, 6. für, 7. über

5. 1. sich ärgern, 2. sich beruhigen, 3. sich ändern

6. 1. Akkusativ: ich beeile mich, du beeilst dich, er/sie/es beeilt sich, wir beeilen uns, ihr beeilt euch, sie/Sie beeilen sich; 2. Dativ: ich mache mir Sorgen, du machst dir Sorgen, er/sie/ es macht sich Sorgen, wir machen uns Sorgen, ihr macht euch Sorgen, sie/Sie machen sich Sorgen

7. 1. sich (Akk.) anmelden, 2. sich (Akk.) treffen, 3. sich (Akk) bewerben, 4. sich (Dat.) zutrauen, 5. sich (Akk.) beschweren, 6. sich (Dat.) wünschen, 7. sich (Akk.) unterhalten

8. 1. in Frage kommen, 2. außer Kontrolle geraten, 3. eine Dummheit begehen/machen, 4. Ärger haben/ machen, 5. den Eindruck gewinnen, 6. sich Sorgen machen, 7. in Kauf nehmen, 8. unter Druck setzen/ geraten, 9. das Wort ergreifen/ haben, 10. Widerstand leisten, 11. in Erstaunen versetzen 12. Aufsehen erregen, 13. auf die Nerven gehen, 14. eine Antwort geben, 15. ein Gespräch führen

9. 1. A, 2. B, 3. B, 4. A, 5. A, 6. B, 7. B, 8. A

10. 1. trennbar, unter, 2, trennbar, wieder, 3. untrennbar, holen, 4. trennbar, durch, 5. untrennbar, schauen

11. 1. weg, 2. mit, 3. hin, 4. auf, 5. her, 6. aus, 7. ein, 8. an, 9. weiter, 10. ab

12. 1. D, 2. B, 3. E, 4. I, 5. F, 6. J, 7. A, 8. H, 9. C, 10. G, 11. L, 12. K

13. 1. Hört ihr unseren Nachbarn unter der Dusche singen? 2. Niko bleibt am Sonntag länger im Bett liegen. 3. Man schreibt diese Wörter immer getrennt. 4. Warum ist sie wieder wütend auf ihn? 5. Dieses schöne Kleid bekam sie leider nur geliehen. 6. Nächstes Jahr läuft Peter Marathon. 7. Ich fahre im Sommer gern Rad. 8. Mein Opa und ich spielen jedes Wochenende Schach. 9. Du machst es ihr am besten gleich klar. 10. Es geht langsam bergauf. 11. Ich habe meinen kleinen Bruder so lieb.

14. 1. waren, 2. haben, ist, 3. haben, 4. sind, 5. sind, 6. wird, 7. werden, 8. wird

15. 1. B, 2. C, 3. C, 4. B, 5. A, 6. A

16. 1. bleiben, rasen, leben, fahren, hören, gehen, tun, lachen; 2. sollen, müssen, wollen, können, mögen, dürfen

17. 1. müssen: ich muss, du musst, er/ sie/es muss, wir müssen, ihr müsst, sie/Sie müssen; 2. wollen: ich will, du willst, er/sie/es will, wir wollen, ihr wollt, sie/Sie wollen; 3. können: ich kann, du kannst, er/sie/es kann, wir können, ihr könnt, sie/Sie können; 4. mögen: ich mag, du magst, er/sie/ es mag, wir mögen, ihr mögt, sie/Sie mögen 5. dürfen: ich darf, du darfst, er/sie/es darf, wir dürfen, ihr dürft, sie/Sie dürfen

18. 1. Mag er überhaupt Spaghetti essen? 2. Darf ich Sie etwas fragen? 3. Er will schwimmen lernen. 4. Er muss einkaufen. 5. Du sollst höflicher sein.

19. 1. wollen, 2. dürft, 3. Könnt, 4. will, 5. darf, 6. muss, 7. Kann, 8. kann, 9. mögen, 10. soll

20. 1. Ja, ich mag Avocados, aber ich möchte gerade keine. 2. Ja, ich mag Sushi, aber ich möchte gerade keins. 3. Ja, wir mögen Cola, aber wir möchten gerade keine. 4. Ja, ich mag Tomatensaft, aber ich möchte gerade keinen.

21. 1. Ja, das darfst du. / Nein, das darfst du nicht. 2. Ja, das kann ich. / Nein, das kann ich nicht. 3. Ja, das sollst du. / Nein, das sollst du nicht. 4. Ja, das will ich. / Nein, das will ich nicht. 5. Ja, das sollst du. / Nein, das sollst du nicht.

22. 1. Ich muss morgen nicht an der Besprechung teilnehmen. 2. Ihr könnt hier nicht telefonieren. 3. Du musst die E-Mails nicht sofort beantworten. 4. Man soll die Kollegen nicht mit Fragen nerven.

23. 1. weiterspielen, 2. mitkommen, 3. lange aufbleiben, 4. fernsehen

24. 1. Kennst, 2. kennen, 3. weiß, 4. Wissen, 5. kenne

25. 1. Kannst, 2. kenne, kann 3. Kannst, 4. können, 5. kennen, 6. könnt

26. 1. Ihr braucht nichts zu erklären. 2. Wir brauchen nicht einzukaufen. 3. Ihr braucht nur kurz Bescheid zu sagen. 4. Sie braucht die Tabletten nicht zu nehmen. 5. Du brauchst nur drauf zu klicken.

27. a) WERDEN: ich werde, du wirst, er/sie/es wird, wir werden, ihr werdet, sie/Sie werden; LASSEN: ich lasse, du lässt, er/sie/es lässt, wir lassen, ihr lasst, sie/Sie lassen; b) 1. Versprechen, 2. Vermutung, Beruhigung, 3. Plan, 4. Plan, 5. Vermutung, Beruhigung, 6. Prognose, 7. etwas verhindern, 8. einen Auftrag geben, 9. eine Erlaubnis geben, 10. ein Verbot aussprechen, 11. etwas nicht tun

28. -en: essen, schauen, spielen; -ern: feiern, flimmern; -eln: krabbeln, segeln; -n: sein, tun

29. 1. B, 2. C, 3. A, 4. A, 5. B, 6. C, 7. B, 8. A, 9. B, 10. A, 11. C, 12. C, 13. A, 14. B, 15. C, 16. B, 17. A

30. 1. Hört, 2. bleibt, 3. Geh, 4. fährt/fahren, 5. lernen

31. 1. Es ist ihr leider nicht gelungen, mit allen Dingen fertig zu werden. 2. Sie verbieten mir, mit jemandem über diese Geschichte zu sprechen. 3. Könnt ihr die Kinder bitten, ruhig zu sein? 4. Ich habe vor, nicht mehr so viel fernzusehen.

32. 1. C, 2. E, 3. A, 4. G, 5. H, 6. D, 7. B, 8. F

33. 1. Grund, 2. Idee, 3. Zeit, 4. Gelegenheit, 5. Schwierigkeiten, 6. Absicht

34. 1. Wir sind ins Resaturant gegangen, um uns zu unterhalten. 2. Er hat sich einen Kaffee bestellt, ohne mich zu fragen, was ich trinken möchte. 3. Er chattet mit Freunden, anstatt mir zuzuhören. 4. Ich bin gegangen, ohne mich zu verabschieden.

35. 1. C, 2. A, 3. B

36. 1. feiernd, gefeiert; 2. lachend, gelacht; 3. trinkend, getrunken; 4. singend, gesungen; 5. tanzend, getanzt

37. 1. kochen, 2. anstrengen, 3. spannen, 4. möblieren

38. 1. der jonglierende Clown, 2. die hüpfenden Kinder, 3. das springende Mädchen, 4. der stehlende Einbrecher, 5. das streitende Paar, 6. der hämmernde Hausmeister, 7. der trainierende Boxer, 8. der Saxophon spielende Musiker, 9. der bellende Hund, 10. der kickende Fussballer, 11. der bohrende Handwerker, 12. das weinende Baby, 13. die singende Studentin

39. 1. gekuschelt, geküsst; 2. ausgesucht, eingekauft; 3. erkundigt, zerkleinert; 4. geschadet, gewartet; 5. eingebettet, umgeschaltet; 6. begründet, berichtet; 7. fotografiert, markiert, paniert, probiert, trainiert; 8. geflogen, gebrochen; 9. mitgenommen, angefangen; 10. misslungen, entfallen

40. 1. zerbrochene (zerbrochen), 2. enthaltenen (enthalten), 3. gegebenem (gegeben), 4. beigelegten (beigelegt)

41. 1. Neugeborenes, 2. Kleingedruckte, 3. Gelernte

42. 1. klettern, kletterte, geklettert; 2. hüpfen, hüpfte, gehüpft; 3. hangeln, hangelte, gehangelt; 4. spielen, spielte, gespielt; 5. grinsen, grinste, gegrinst

43. REGELMÄSSIGE VERBEN: bremsen, starten, anschnallen, parken, aufpassen, saugen, kaufen; UNREGELMÄSSIGE VERBEN: einsteigen, fahren, waschen

44. 1. klingen - klang - geklungen, 2. springen - sprang - gesprungen, 3. werben - warb - geworben, 4. verbinden - verband - verbunden, 5. vertreten - vertrat - vertreten, 6. geraten - geriet - geraten, 7. unterhalten - unterhielt - unterhalten, 8. waschen - wusch - gewaschen, 9. entstehen - entstand - entstanden, 10. lügen - log - gelogen, 11. schießen - schoss - geschossen, 12. meiden - mied - gemieden

45. 1. ich wohne, du wohnst, er/sie/es wohnt, wir wohnen, ihr wohnt, sie/Sie wohnen; 2. ich meide, du meidest, er/sie/es meidet, wir meiden, ihr meidet, sie/Sie meiden; 3. ich atme, du atmest, er/sie/es atmet, wir atmen, ihr atmet, sie/Sie atmen; 4. ich boxe, du boxt, er/sie/es boxt, wir boxen, ihr boxt, sie/Sie boxen; 5. ich kürze, du kürzt, er/sie/es kürzt, wir kürzen, ihr kürzt, sie/Sie kürzen; 6. ich bedau(e)re, du bedauerst, er/sie/es bedauert, wir bedauern, ihr bedauert, sie/Sie bedauern; 7. ich werkle, du werkelst, er/sie/es werkelt, wir werkeln, ihr werkelt, sie/Sie werkeln

46. UNTERBRECHEN: ich unterbreche, du unterbrichst, er/sie/es unterbricht, wir unterbrechen, ihr unterbrecht, sie/Sie unterbrechen; BEFEHLEN: ich befehle, du befiehlst, er/sie/es befiehlt, wir befehlen, ihr befehlt, sie/Sie befehlen; FALLEN: ich falle, du fällst, er/sie/es fällt, wir fallen, ihr fallt, sie/Sie fallen; ANSTOSSEN: ich stoße an, du stößt an, er/sie/es stößt an, wir stoßen an, ihr stoßt an, sie/Sie stoßen an; SAUFEN: ich saufe, du säufst, er/sie/es säuft, wir saufen, ihr sauft, sie/Sie saufen; WISSEN: ich weiß, du weißt, er/sie/es weiß, wir wissen, ihr wisst, sie/Sie wissen

47. 1. B, 2. C, 3. D, 4. E, 5. F, 6. A

48. HABEN: ich habe geträumt, du hast geträumt, er/sie/es hat geträumt, wir haben geträumt, ihr habt geträumt, sie/Sie haben geträumt; SEIN: ich bin geflogen, du bist geflogen, er/sie/es ist geflogen, wir sind geflogen, ihr seid geflogen, sie/Sie sind geflogen; WERDEN: ich werde getragen, du wirst getragen, er/sie/es wird getragen, wir werden getragen, ihr werdet getragen, sie/Sie werden getragen; KÖNNEN: ich kann weit gucken, du kannst weit gucken, er/sie/es kann weit gucken, wir können weit gucken, ihr könnt weit gucken, sie/Sie können weit gucken; WOLLEN: ich will reisen, du willst reisen, er/sie/es will reisen, wir wollen reisen, ihr wollt reisen, sie/Sie wollen reisen; DÜRFEN: ich darf nicht klettern, du darfst nicht klettern, er/sie/es darf nicht klettern, wir dürfen nicht klettern, ihr dürft nicht klettern, sie/Sie dürfen nicht klettern; SOLLEN: ich soll still stehen, du sollst still stehen, er/sie/es soll still stehen, wir sollen still stehen, ihr sollt still stehen, sie/Sie sollen still stehen; MÖGEN: ich mag Höhenflüge, du magst Höhenflüge, er/sie/es mag Höhenflüge, wir mögen Höhenflüge, ihr mögt Höhenflüge, sie/Sie mögen Höhenflüge; MÜSSEN: ich muss aufpassen, du musst aufpassen, er/sie/es muss aufpassen, wir müssen aufpassen, ihr müsst aufpassen, sie/Sie müssen aufpassen

49. 1. Gib es doch zu, du hast heute nicht geduscht. 2. Gebt es doch zu, ihr habt ihr alles verziehen. 3. Gib es doch zu, du hast diesen Film noch nicht gesehen. 4. Geben Sie es doch zu, Sie haben den Termin einfach vergessen. 5. Gebt es doch zu, das Geschenk hat euch nicht gefallen. 6. Geben Sie es doch zu, Sie haben es nicht gewusst.

50. 1. Ihr seid zu spät gekommen. (Ortsveränderung) 2. Die Teller sind auf den Boden gefallen. (Ortsveränderung) 3. Der Wein ist umgekippt. (Ortsveränderung) 4. Die Steaks sind angebrannt. (Zustandsveränderung) 5. Der Kaffee ist kalt geworden. (werden) 6. Wir sind hungrig geblieben (bleiben).

51. 1. Bin ich wieder gewachsen? 2. Hat sie alles gelesen? 3. Ist es ihm endlich gelungen? 4. Habt ihr schon probiert? 5. Haben Sie das wirklich geglaubt?

52. 1. geblieben, 2. hören, 3. gelernt, 4. gegangen, 5. sehen, 6. lassen

53. 1. Als ich jung war, lebte man gesünder. 2. ..., schrieb man einander Briefe. 3. ..., arbeiteten viele Leute auf dem Land. 4. ..., unternahm man mehr zusammen. 5. ..., schmeckten die Äpfel besser. 6. ..., gab es kein Internet.

54. HABEN: ich hatte, du hattest, er/sie/es hatte, wir hatten, ihr hattet, sie/Sie hatten; SEIN: ich war, du warst, er/sie/es war, wir waren, ihr wart, sie/Sie waren; WERDEN: ich wurde, du wurdest, er/sie/es wurde, wir wurden ihr wurdet, sie/Sie wurden

55. KÖNNEN: ich konnte, du konntest, er/sie/es konnte, wir konnten, ihr konntet, sie/Sie konnten; WOLLEN: ich wollte, du wolltest, er/sie/es wollte, wir wollten, ihr wolltet, sie/Sie wollten; DÜRFEN: ich durfte, du durftest, er/sie/es durfte, wir durften, ihr durftet, sie/Sie durften; SOLLEN: ich sollte, du solltest, er/sie/es sollte, wir sollten, ihr solltet, sie/Sie sollten; MÖGEN: ich mochte, du mochtest, er/sie/es mochte, wir mochten, ihr mochtet, sie/Sie mochten; MÜSSEN: ich musste, du musstest, er/sie/es musste, wir mussten, ihr musstet, sie/Sie mussten

56. 1. eingeladen hatte, 2. sah lieber fern, 3. nicht gesehen hatten, 4. wusste nicht

57. 1. Bevor sie zum Strand ging, hatte sie ausgiebig gefrühstückt. 2. Als sie am Strand ankam, hatten die Touristen schon alle Liegen besetzt. 3. Nachdem sie ein Eis gegessen hatte, schwamm sie im Meer. 4. Als sie zurück ins Hotel gehen wollte, stellte sie fest, dass jemand ihre Tasche gestohlen hatte.

58. 1. C, 2. B, 3. D, 4. A

59. 1. Futur I: Wir werden am Wochenende wahrscheinlich/wohl/vermutlich grillen. Präsens: Wir grillen am Wochenende. 2. Futur I: Diese Woche werden die Nachbarn wahrscheinlich/wohl/vermutlich die Treppe putzen. Präsens: Diese Woche putzen die Nachbarn die Treppe. 3. Futur I: Heute nach der Party wird sie wahrscheinlich/wohl/vermutlich mit dem Taxi nach Hause fahren. Präsens: Heute nach der Party fährt sie mit dem Taxi nach Hause.

60. 1. ...werde ich die Wohnung aufgeräumt haben. 2. ... werden wir nach Gran Canaria ausgewandert sein. 3. ... werden wir dort ein Haus gebaut haben. 4. ... werde ich alle Versprechen vergessen haben.

61. 1. Sein Urlaub wird wohl erholsam gewesen sein. 2. Es wird wohl etwas angestellt haben. 3. Jemand wird wohl etwas geschrieben haben. 4. Er wird wohl im Lotto gewonnen haben. 5. Er wird wohl seine Traumfrau getroffen haben.

62. 1. B, D, H, I, 2. A, F, J, K, 3. C, E, G

63. 1. ... , dass das Essen komisch rieche. 2. ... , dass er von einem Tag auf den anderen keinen Tropfen Alkohol mehr trinken werde, wenn Uli es geschafft haben werde, mit dem Rauchen aufzuhören. 3. ... , seine Schwiegermutter habe gemeint, er habe doch keine Ahnung von Blumen. Der habe er es aber gezeigt. 5. ... , dass er los müsse. Seine Frau treffe sich mit ihren Freundinnen und er solle auf die Kinder aufpassen. 5. ... , wie lange man dort parken dürfe.

64. 1. Würdet ihr euch bitte beeilen! 2. Würden Sie mir bitte helfen! 3. Würdest du mir bitte nicht dauernd widersprechen! 4. Würdest du bitte losfahren! 5. Würden Sie mir bitte ein Bier bringen! 6. Würdest du bitte still sitzen!

65. 1. Wenn du sie bloß/doch/nur nicht beleidigt hättest. 2. Wenn ich bloß/doch/nur nicht alles alleine machen müsste. 3. Wenn die Tür bloß/doch/nur abgeschlossen gewesen wäre. 4. Wenn er uns bloß/doch/nur nicht immer warten ließe. 5. Wenn sie bloß/doch/nur nicht ständig schlecht gelaunt wären. 6. Wenn das Haus bloß/doch/nur nicht verkauft würde.

66. 1. Wenn er nicht so klein wäre, müsste man ihn nicht auf den Stuhl heben. 2. Wenn er Schuhe anhätte, dürfte er die Füße nicht auf den Stuhl stellen. 3. Wenn er nicht so traurig gucken würde, würden ihn die anderen nicht trösten. 4. Wenn er sprechen könnte, würden sich alle / würde sich jemand mit ihm unterhalten. 5. Wenn er lesen könnte, wäre ihm nicht langweilig.

67. 1. Sprecht jedes Wort deutlich aus! 2. Atme tief ein! 3. Üben Sie den Text! 4. Beobachtet andere! 5. Spiel(e) nicht mit der Kleidung herum! 6. Tauchen Sie ganz in Ihre Rolle ein! 7. Konzentrieren Sie sich! 8. Lernt Entspannungstechnicken! 9. Reib(e) dir die Augen! 10. Übertreiben Sie!

68. 1. Habt keine Angst! Haben Sie keine Angst! 2. Sei stark! Seid stark! Seien Sie stark! 3. Werde schnell wieder gesund! Werdet schnell wieder gesund! Werden Sie schnell wieder gesund!

69. 1. B, 2. B, 3. B, 4. A

70. 1. Warum werde ich nie gefragt? 2. Davon wird oft erzählt. 3. Von einem Journalisten ist darüber ein Artikel geschrieben worden. / Darüber ist ein Artikel geschrieben worden. 4. Wird diese Zeitschrift (hier/an diesem Zeitungskiosk) noch verkauft? 5. Diese Nachricht wird in den Medien sicherlich weiter verbreitet werden. 6. Leider wurde dieser Fall nicht weiter untersucht.

Kapitel 11

1. 1. lesen - las - gelesen, 2. zwingen - zwang - gezwungen, 3. nennen - nannte - genannt, 4. gewinnen - gewann - gewonnen, 5. hängen - hing - gehangen, 6. vergleichen - verglich - verglichen, 7. leihen - lieh - geliehen, 8. raten - riet - geraten, 9. rufen - rief - gerufen, 10. frieren - fror - gefroren, 11. tragen - trug - getragen

2. 1. Rüdiger wurde arm. Rüdiger ist arm geworden. 2. Rüdiger war zu spät. Rüdiger ist zu spät gewesen. 3. Rüdiger hatte jede Menge Ärger. Rüdiger hat jede Menge Ärger gehabt. 4. Leon wurde reich. Leon ist reich geworden. 5. Leon war zufrieden. Leon ist zufrieden gewesen. 6. Leon hatte Schwein. Leon hat Schwein gehabt.

3. REGELMÄSSIG: C malen - malte, D pusten - pustete, G weigern - weigerte; GEMISCHT: B bringen - brachte, E wissen - wusste, F kennen - kannte

4. 1. sinken - sank - gesunken, 2. steigen - stieg - gestiegen, 3. sitzen - saß - gesessen

5. 1. C, 2. B, 3. C, 4. A, 5. B, 6. A

6. 1. Sie durfte sich nicht ablenken lassen. 2. Ihr solltet euch vertragen. 3. Sie wollten ihren Freunden helfen. 4. Mein Bruder mochte schon sehr früh Musik. 5. Ich konnte mich wieder nicht entscheiden. 6. Ich musste leider zu Hause bleiben. 7. Nadine sollte besser aufpassen. 8. Er musste sich sehr anstrengen.

Kapitel 12

1. Nebenordnende Konjunktionen: 1, 2, 4, 5, 7; Unterordnende Konjunktionen: 3, 6, 8

2. Nebenordnende Konjunktionen: beziehungsweise, nicht nur ... sondern auch, entweder ... oder, sowohl ... als auch, oder, weder ... noch, sowohl ... wie, jedoch, und, sondern, sowie, aber; Unterordnende Konjunktionen: sodass, wohingegen, seitdem, damit, bevor, nachdem, dass, als, solange, wenn, während, da, obgleich, sobald, indem, falls, bis, als ... ob, obwohl, weil, ohne dass, wie

3. 1. B, 2. D, 3. C, 4. A

4. 1. Ich bin Vegetarier, denn ich liebe Tiere. 2. Hilfe! Uns ist heiß und wir haben Durst. 3. Es regnet viel, aber das ist mir egal!

5. 1. E, 2. D, 3. F, 4. I, 5. B, 6. C, 7. H, 8. A, 9. G

6. 1. Temporal, 2. Temporal, 3. Konditional, 4. Adversativ

7. 1. Wenn, 2. Als, 3. Wenn, 4. Als, 5. Als, 6. Wenn

8. 1. Sie sind nicht zu meiner Party gekommen, obwohl ich sie eingeladen habe. 2. Ich fahre in den Süden, weil ich Sonne brauche. 3. Ich habe den Bus verpasst, sodass ich zu spät gekommen bin.

Kapitel 13

1. 1. B, 2. D, 3. C, 4. D, 5. C, 6. A, 7. A, 8. C, 9. D

2. 1. Was hast du denn gemacht? 2. Was hast du bloß gemacht? 3. Du hast aber Hunger! 4. Du hast wohl keinen Hunger. 5. Jetzt seid doch endlich still! 6. Jetzt seid mal ganz still! 7. Das stimmt doch nicht! 8. Das stimmt eigentlich nicht.

Kapitel 14

1. Verben: Entschuldigen, Können, helfen, suche, ist, Lassen, werfen, kann, erklären; Subjekte: Sie, Sie, Ich, Das, Sie, ich; Objekte: mir, das Stadtzentrum, mich, einen Blick, auf Ihren Stadtplan, Ihnen, den Weg; weitere Angaben: ganz einfach, mal, dann, besser

2. Mein Name ist Kreis. ich komme aus Russland. Bis 1988 hat meine Familie in Omsk gewohnt. Dort bin ich fünf Jahre zur Schule gegangen. Dann sind meine Eltern mit uns Kindern nach Deutschland gegangen. Hier habe ich dann mein Abitur gemacht und studiert.

3. Modalverben: Verben können aus mehreren Teilen bestehen.

trennbare Verben: Passen Sie auf!

zusammengesetzte Zeiten: Was hat mein Lehrer gesagt?

Konjunktiv II: Womit würden Sie in dieser Übung also anfangen?

Passivformen: Der zweite Verbteil wird immer ans Satzende gestellt.

mehrteilige Verben: Da gehe ich lieber erst mal eine rauchen.

4. 1. meinem Bruder / meinem Vater eine Krawatte, 2. meiner Nichte / meiner Tochter Lara ein Spiel, 3. meiner Tochter Lara / meiner Nichte ein Fahrrad, 4. meiner Frau eine Kette, 5. meiner Schwägerin / meiner Mutter ein Buch, 6. meinem Sohn einen Roller, 7. meiner Mutter / meiner Schwägerin eine Schachtel Pralinen, 8. meiner Tochter Sophie einen Teddy, 9. meinem Vater / meinem Bruder eine Flasche Wein

5. 1. Ich zeige es dir! 2. Danke, dass Sie ihn mir geliehen haben! 3. Ich kann sie Ihnen nur empfehlen!

6. 1. vielen Dank für deine Einladung. 2. Ich habe mich sehr darüber gefreut. 3. Ich habe oft an dich gedacht. 4. Aber ich musste mich um die Kinder kümmern, nach einer Wohnung suchen und an meiner Dissertation arbeiten. 5. Da hatte ich einfach keine Zeit für Briefe. 6. Aber ich freue mich schon auf deine Party. 7. Ich komme auf jeden Fall. 8. Du kannst dich auf mich verlassen. 9. Soll ich etwas zu deinem Fest mitbringen? 10. Du kannst dich ja noch mal bei mir melden. 11. Dann können wir über alles Weitere sprechen.

7. 1. a) Ich bin letzten Winter wegen des Schnees zu Fuß zur Arbeit gegangen. b) Letzten Winter bin ich wegen des Schnees zu Fuß zur Arbeit gegangen. c) Wegen des Schnees bin ich letzten Winter zu Fuß zur Arbeit gegangen.

2. a) Die Zuschauer sprangen beim ersten Tor vor Begeisterung laut jubelnd von ihren Plätzen auf. b) Beim ersten Tor sprangen die Zuschauer laut jubelnd von ihren Plätzen auf. c) Vor Begeisterung sprangen die Zuschauer beim ersten Tor laut jubelnd von ihren Plätzen auf.

Kapitel 15

1. 1. Heute habe ich zu viel gearbeitet. 2. Er hat seiner Freundin eine Rose mitgebracht. 3. Dieses Jahr möchte unsere Tochter allein in den Urlaub fahren. 4. Gestern bin ich wegen des Schnees mit dem Auto gefahren.

2. 1. Ab morgen mache ich eine Diät. / Ich mache ab morgen eine Diät. 2. In Deutschland schließen die Fischhändler um 19 Uhr. / Die Fischhändler schließen in Deutschland um 19 Uhr. / Um 19 Uhr schließen die Fischhändler in Deutschland. (nicht aber in Frankreich, ...) / Um 19 Uhr schließen in Deutschland die Fischhändler. (und nicht die Supermärkte). 3. Ich habe den ganzen Tag geschlafen. / Den ganzen Tag habe ich geschlafen.

3. 1. Wir sind nicht immer pünktlich. 2. Gestern habe ich ihn nicht angerufen. 3. Es ist nicht kalt. 4. Er kann nicht Rad fahren. 5. Ich weiß es nicht. 6. Nicht alle lieben dein Buch. / Niemand liebt dein Buch. 7. Ich kenne sie nicht!

4. 1. B Was, 2. D Bist ... nicht, 3. E Wann, 4. A Regnet, 5. F Für wen, 6. C Hast

5. 1. Unterbrechen Sie mich nicht! Trinken Sie einen Kamillentee! Geben Sie mir eine Gehaltserhöhung! 2. Räumt das Zimmer auf! Seid nicht bockig! Geht sofort ins Bett! 3. Geh nicht weg! Spiel mit mir! Gib mir mein Futter!

6. 1. Weil Papa und ich uns lieb haben, 2. Weil ich Mama werden wollte, 3. Weil das Leben ohne dich langweilig war

7. 1. um in Deutschland zu studieren, 2. damit du mich verstehen kannst, 3. damit mein erster Job gut bezahlt wird, 4. um deutsche Bücher lesen zu können

8. 1. - ... sodass, 2. so ... dass, 3. so ... dass, 4. - ... sodass

9. 1. C, 2. D, 3. A, 4. B

10. 1. spielt, 2. wohnten, 3. gegessen hat, 4. gegessen hatte, 5. schließen, 6. funktioniert

11. 1. spannender, als / nicht so spannend, wie; 2. interessanter, als / nicht so interessant, wie; 3. einfacher, als / nicht so einfach, wie

12. 1. wärest, 2. kontrollieren würdest, 3. kritisieren würdest, 4. lieben würdest

13. 1. Du hast die Möglichkeit auszuwählen. 2. Ich habe Schwierigkeiten, mich zu konzentrieren. 3. Es ist empfehlenswert, gesund zu essen. 4. Heute habe ich große Lust zu spielen. 5. Ich hatte keine Zeit einzukaufen.

14. 1. Ich habe meine Tante besucht, die in Frankreich lebt. 2. Das sind Freunde, mit denen ich viel Zeit verbringe. 3. Ich habe die Antwort meiner Schwester, der ich schon vor einem Monat geschrieben habe, heute erst bekommen. 4. Endlich kommt der Zug, auf den wir so lange warten mussten. 5. Das ist Herr Wolf, dessen Frau mit mir arbeitet.

15. 1. wann sie weggeht. 2. warum Hans so müde ist. 3. wo ihr Handy ist. 4. welches Foto ihnen besser gefällt. 5. worüber er im nächsten Projekt schreiben wird.

Kapitel 16

1. 1. Würstel, 2. Wägen, 3. bin, 4. Dienstgeber

2. 1. Glätteisen, 2. Stückli, 3. parkieren, 4. Das

S. 3 Tür: DiMmEr / Fotolia; S. 4 Himmel: peshkova / Fotolia; S. 5 Buch Grammatik in Bildern 562743: PONS GmbH / -; S. 6 Piktogramme (hier und im ganzen Buch): Leremy / Shutterstock; S. 6 Kind: athomass / Fotolia; S. 6 Katzenaugen: Vlastimil ?estßk / thinkstock; S. 6 Korken: tobago77 / Shutterstock; S. 6 Auftaktseite Kapitel 6: LoloStock / Fotolia; S. 6 sitzender Hund: GlobalP / thinkstock; S. 6 Verb: B Calkins / Shutterstock; S. 6 Auftaktseite Kapitel 8: niyazz / Fotolia; S. 6 „spingender Hund„: Ron Chapple Studios / thinkstock ; S. 6 Person Buchstabe a: Photodisk / thinkstock; S. 6 Person Buchstabe n: Photodisk / thinkstock; S. 6 Person Buchstabe t: Photodisk / thinkstock; S. 6 Person Buchstabe u: Photodisk / thinkstock; S. 6 Person Buchstabe s: Photodisk / thinkstock; S. 6 Schlafender Mann: LStockStudio / Shutterstock; S. 6 Person Buchstabe i: Photodisk / Fotolia; S. 6 Person Buchstabe v: Photodisk / thinkstock; S. 6 Person Buchstabe b: Photodisk / thinkstock; S. 7 Stahlkette: mylisa / Fotolia; S. 7 Eier: HighLaZ / thinkstock; S. 7 Spielfigur Schweiz: michaklootwijk / Fotolia; S. 7 Spielfigur Deutschland: michaklootwijk / Fotolia; S. 7 Spielfigur Österreich: michaklootwijk / Fotolia; S. 7 lustige Eier: Xesai / Thinkstock; S. 7 Kinder : RichVintage / Istockphotos; S. 7 Ausrufezeichen: belchonok / thinkstock ; S. 7 Fragezeichen: belchonok / thinkstock ; S. 7 Sicherheitsnadeln: 06photo / Shutterstock; S. 8, 9 Schlafender Mann: LStockStudio / Shutterstock; S. 10 Buchstaben: jonnysek / Fotolia; S. 10 Gabel mit Fleischklößchen: Jenifoto / Fotolia; S. 10 Gabel mit Wurst: Mikhail Abramov / Shutterstock; S. 10 Maus: creativenature.nl / Fotolia; S. 11 Goethe: Cris Foto / Shutterstock; S. 12, 13 Piktogramme (hier und im ganzen Buch): Leremy / Shutterstock; S. 15 Hund: javier brosch / Fotolia; S. 15 Frau mit Frosch: Design Pics / thinkstock; S. 15 Elefant: R. Tavani / Fotolia; S. 15 Mann läuft: Antonio Gravante / Fotolia; S. 15 Männer: Andres Rodriguez / thinkstock; S. 16 Zettel: RusN / thinkstock; S. 16 Zettel mit Hand: Ruslan Nassyrov / thinkstock; S. 17 Vorlesen (Oma und Kind), Oma und Kind lesen ein Buch: Milles Studio / Fotolia; S. 18 Patchworkfamilie: krissikunterbunt / Fotolia; S. 18 Hund: Igor Normann / Fotolia; S. 19 Pferd mit Blumenkette: Digital Vision / thinkstock; S. 19 Mann mit Spaghetti, Pasta: Nomad_Soul / Fotolia; S. 19 Mann mit Computer: Czanner / Fotolia; S. 19 Mann mit Socken, Socken in die Waschmachine : pumpa pictures / thinkstock; S. 19 Hund mit Zeitungen: Janie Airey / thinkstock; S. 19 Kind mit Hund: Jenny Sturm / Fotolia; S. 20 Mann mit Kinderwagen, man running : Ursula Deja / Fotolia; S. 20 Heiratsantrag, Heiratsantrag : Antonioguillem / Fotolia; S. 20 Frau mit Geiger: pressmaster / Fotolia; S. 20 Kind und wütende Mutter, Kind mit durchgedrehter Mutter: Nomadsoul1 / thinkstock; S. 20 Frau mit schnarchenden Mann: nikodash / Fotolia; S. 20 Frauen die ablehnen, Zwei ablehnende Frauen: imageegami / Fotolia; S. 21 Zeitungsanzeigen: pressureUA / thinkstock; S. 21 Hund mit Zeitung: damedeeso / thinkstock; S. 22, 23 Person Buchstabe t: Photodisk / thinkstock; S. 22, 23 Person Buchstabe u: Photodisk / thinkstock; S. 22, 23 Person Buchstabe s: Photodisk / thinkstock; S. 22, 23 Person Buchstabe v: Photodisk / thinkstock; S. 22, 23 Person Buchstabe b: Photodisk / thinkstock; S. 22, 23 Person Buchstabe a: Photodisk / thinkstock; S. 22, 23 Person Buchstabe n: Photodisk / thinkstock; S. 22, 23 Person Buchstabe i: Photodisk / thinkstock; S. 22, 23 Person Buchstabe i: Photodisk / thinkstock; S. 24 Nach links oder nach rechts?, eine Entscheidung treffen: eyeretina / Fotolia; S. 24 Gehirn als Erde, Gehirn als Erde: grandeduc / Fotolia; S. 24 Frau mit Regenschirm: Robert Hoetink / Shutterstock; S. 24 Frau trinkt Wasser mit Fisch, Frau trinkt aus Goldfischglas: shutterstock/ Wallenrock / Shutterstock; S. 24 Zum Strand, feet at beach: yanlev / Fotolia; S. 24 Dreckige Hände: Amawasri Pakdara / Shutterstock; S. 24 Mann mit Fieber, ein Mann hat Fieber: shutterstock/ wavebreakmedia / Shutterstock; S. 24 Erschrockene Frau und Mann : ArtFamily / Shutterstock; S. 25 Schlafende Katze: papadimitriou / thinkstock; S. 25 gefrorener Mann: Jan Mika / Shutterstock; S. 25 das Dach muss repariert werden: Andrey Popov / Fotolia; S. 25 Kind mit Flugzeug, Kind mit dem Flugzeug: LuckyImages / Fotolia; S. 25 Geschäftsmann am Rande des Abgrunds : eelnosiva / Shutterstock; S. 27 Mädchens Bein, leg with striped sock: sebra / Fotolia; S. 27 Männliches Bein, man's leg: WavebreakMediaMicro / Fotolia; S. 27 Weibliches Bein, woman's leg: jonnysek / Fotolia; S. 28 Bett: OZaiachin / Shutterstock; S. 28 Gelbe Tasche: Lalouetto / thinkstock; S. 28 Lampenschirm: outc / Shutterstock; S. 28 Kinder: SerrNovik / thinkstock; S. 28 Drei Container: Nerthuz / thinkstock; S. 28 Vogel: GlobalP / thinkstock; S. 28 Brief: Nastco / thinkstock; S. 28 Espresso, Kaffeetasse: max dallocco / Fotolia; S. 28 Kaffeemühle: mbongorus / thinkstock; S. 28 Regen: Color_Brush / thinkstock; S. 29 Perle: jalcaraz / Shutterstock; S. 29 Steine: Coprid / Shutterstock; S. 30 Jahreswechsel: Zeynep Demir / Shutterstock; S. 30 Geburtstag: Ljupco Smokovski / Fotolia; S. 30 Baum im Winter: andiz275 / Fotolia; S. 30 Bäume im Frühling: Pakhnyushchyy / Fotolia; S. 30 Rugby: Paolo Bona / Shutterstock; S. 30 Kind mit einem alten Auto: ISchmidt / Shutterstock; S. 30 Kind mit vielen Autos: Tomsickova Tatyana / Shutterstock; S. 30 geschminkter Mann: MDBrockmann / thinkstock; S. 31 Weihnachtsmann am Strand: Mirelle / Shutterstock; S. 31 Tulpen: jenifoto / thinkstock; S. 31 Alte Spielwaren: charles taylor / Shutterstock; S. 31 Brüder mit Hund: Christin Lola / Shutterstock; S. 31 Kosten: wutzkohphoto / Shutterstock; S. 31 Puppenhaus: Anneka / Shutterstock; S. 32 Schwangerschaft: Anchiy / Shutterstock; S. 32 Freundinnen: Svitlana Sokolova / Shutterstock; S. 32 Weihnachtsmannmit Kindern: gpointstudio / Fotolia; S. 32 Arbeiten mit Kollegen: gpointstudio / Shutterstock; S. 32 Spielen mit Puppen: Nicku / Shutterstock; S. 32 Tierarzt: Monika Wisniewska / Fotolia; S. 33 Salat Hamburger: shutterstock/ Vasilyeva Larisa / Shutterstock; S. 33 Mann sucht: Fuse / thinkstock; S. 33 gestresste Frau: mark wragg / thinkstock; S. 33 Mann in Büro: Minerva Studio / thinkstock; S. 34 Auf Lateinisch: BlackMac / Shutterstock; S. 34 Zwei Katzen machen Selfies: FotoYakov / Shutterstock; S. 34 Katze und Löwe: Susan Schmitz / Shutterstock; S. 34 Affe (bitte orange): hakule / thinkstock; S. 34 Auf Griechisch: Leon Rafael / Shutterstock; S. 35 Kind als Geschäftsmann: ulianna19970 / Fotolia; S. 35 Schwanger sucht einen Namen: inarik / Fotolia; S. 35 Er denkt: Luis Molinero / Shutterstock; S. 35 goldener Buddha: Anja Kaiser / Fotolia; S. 35 Laute Nachbarn: IvonneW / thinkstock; S. 35 Herz: Africa Studio / Shutterstock; S. 35 Eier vom Bauern: Wavebreakmedia Ltd / thinkstock; S. 36 Russe: dmitrydesigner / Fotolia; S. 36 Grieche: Ezume Images / Fotolia; S. 36 Schotte: Lukassek / Fotolia; S. 36 Japaner: kazoka303030 / Fotolia; S. 36 Türke: RossHelen / Shutterstock; S. 36 Franzose: pegbes / Fotolia; S. 36 Ire: x4wiz / Fotolia; S. 36 Spanier: Fulcanelli / Shutterstock; S. 37 von Belgien: michaklootwijk / Fotolia; S. 37 Nationalitäten und Länder: Rawpixel.com / Fotolia; S. 37 von Finnland: michaklootwijk / Fotolia; S. 38 Nationalitäten: -Luca_Luppi- / thinkstock; S. 38 Enten: bazilfoto / thinkstock; S. 38 Schädel: Creatas / thinkstock; S. 39 Lustige Oma: giorgiomtb / Shutterstock; S. 39 Glatze: m_dinler / Fotolia; S. 39 Katze und Fisch: GlobalP / thinkstock; S. 39 Hunde auf dem Sofa: Willee Cole / Fotolia; S. 39 Richtung Restaurant: Kaspri / Shutterstock; S. 39 Zwillinge, Babys mit Brille: Vitalinka / Fotolia; S. 40 springender Hund: Ron Chapple Studios / Thinkstock; S. 41 sitzender Hund: GlobalP / thinkstock; S. 42 weiße Maus : Stokkete / Shutterstock; S. 42 Mann isst Fleisch : shuravaya / thinkstock; S. 42 Roboter: charles taylor / Shutterstock; S. 42 Finger: 1dbrf10 / Fotolia; S. 42 Arbeiter macht eine Pause: Zurijeta / Shutterstock; S. 42 Mann schläft mit seinem Hund: Michael Pettigrew / Shutterstock; S. 43 Dackel: Alex Green / Fotolia; S. 43 Regenbogen: Malyshchyts Viktar / Fotolia; S. 43 Werkzeuge: sergign / Fotolia; S. 43 Herz als Luftballon: andersphoto / Fotolia; S. 43 Kind mit rosa Mütze: Leonid & Anna Dedukh / Fotolia; S. 43 sich abseilen: alphaspirit / Fotolia; S. 43 Zauberer: Martin Schlecht / Fotolia; S. 43 Er spricht Englisch: Kalmatsuy / Shutterstock; S. 43 Wecker: dimedrol68 / Fotolia; S. 43 Haus aus Pappe: rdnzl / Fotolia; S. 43 Nebel: Marek / Fotolia; S. 44 Unglückliche Hochzeit: Leon Rafael / Shutterstock; S. 44 Sprung ins Wasser: juanjo / Fotolia; S. 44 Pfeile: WoGi / Fotolia; S. 44 Haus durcheinander: Kingarion / Shutterstock; S. 44 Mann mit Schminke: mdbrockmann82 / Fotolia; S. 44 Überforderte Sekretärin: Giulio_Fornasar / Shutterstock; S. 44 Eis mit vielen Kugeln: M. Unal Ozmen / Shutterstock; S. 45 Haifisch: mokee81 / Fotolia; S. 45 Eier als Küken: Paul Michael Hughes / Shutterstock; S. 45 die Welt: marcel / Fotolia; S. 45 ein Ur: nicolasprimola / Fotolia; S. 45 Bitterschokolade: Orlando Bellini / Fotolia; S. 45 gestohlenes Fahrrad, bike tire: neko92vl / thinkstock; S. 45 erkältete Frau: sunnysky69 / Fotolia; S. 45 lachende Frau: file404 / Shutterstock; S. 45 Kleine Statuen: W.Scott / Fotolia; S. 45 Fernglas: Coloures-pic / Fotolia; S. 45 Frau die eine Bluse anprobiert: StockLite / Shutterstock; S. 45 Eiswürfel: Buriy / Fotolia; S. 46 Getränke, hand + glasses: boule1301 / Fotolia; S. 46 Roter Wein: luismolinero / Fotolia; S. 46 Frisches Bier: Drobot Dean / Fotolia; S. 46 Kind mit Milch: kmrep / Fotolia; S. 47 Papier: ESB Professional / Shutterstock; S. 47 Hund mit Gitarre: Ezzolo / Shutterstock; S. 47 Mann mit Rettungsring: thinkstock/ Mike Watson Images / Fotolia; S. 47 Würfel neun Augen: yalapeak / Fotolia; S. 47 Würfel: yalapeak / Fotolia; S. 47 Mäuse: Gallinago_media / Shutterstock; S. 47 nachdenkliche Frau: Photographee.eu / Shutterstock; S. 48 cars: Stockbyte / thisnkstock; S. 48 Fenster: izuboky / Fotolia; S. 48 Taucher: snaptitude / Fotolia; S. 48 Baum: watink / Fotolia; S. 49 Zeitung, Ein Mann der eine Zeitung liest: Brian Jackson / Fotolia; S. 49 Anzeigen, finger pointing: Madiz / thinkstock; S. 50 ein verrückter Mann: Antonio Gravante / Fotolia; S. 50 ein süßes Kind: ivanko80 / Fotolia; S. 50 eine lustige Frau: vladimirfloyd / Fotolia; S. 51 Traurige Frau: Arman Zhenikeyev / Shutterstock; S. 51 Glücklicher Mann: Tom Wang / Shutterstock; S. 51 Trauriger Mann: tommaso79 / Shutterstock; S. 51 Wohnzimmer durcheinander: Zastolskiy Victor / Shutterstock; S. 51 Fuchs: Buffy1982 / Fotolia; S. 51 Arbeitende Mutter mit Baby: Khannanova Margarita / Shutterstock; S. 52 ein nobler Herr: Andrey Kiselev / Fotolia; S. 52 Teddybär in einer Tasche: FFCucina Liz Collet / Fotolia; S. 52 Kind das eine Zitrone isst: Gelpi / Shutterstock; S. 52 rosa Salz: Anna Sedneva / Fotolia; S. 52 Holzzug, wooden truck: taviphoto / thinkstock; S. 53 Herrenanzug mit Mann: shyshak roman / Shutterstock; S. 53 Herrenanzug: Peshkova / Shutterstock; S. 54 Kind mit Hamburger: ruslanshug / Fotolia; S. 54 Hausschuhe: Ottochka / Shutterstock; S. 54 vergnügte Schimpansen: Kletr / Shutterstock; S. 54 starke Ameise: Andrey Pavlov / Shutterstock; S. 54 vergnügtes Pferd: Reddogs / Fotolia; S. 54 Hund Gewichtheben: Javier Brosch / Shutterstock; S. 54 Strümpfe: Alexander Raths / Shutterstock; S. 54 Turnschuhe: Halfpoint / Shutterstock; S. 54 vergnügter Junge: BillionPhotos.com / Fotolia; S. 55 Badzimmer aus Gold: Serggod / Shutterstock; S. 55 Trüffel: Giorgio Pulcini / Fotolia; S. 55 Dinosaurus Skelett: karenfoleyphotography / Shutterstock; S. 55 Alter Baum: Vinogradov Illya / Shutterstock; S. 55 auf dem Gipfel: Biletskiy Evgeniy / Fotolia; S. 55 Geburtstagstorte 90 Jahre: JJAVA / Fotolia; S. 55 Kind im Welraum: maxim ibragimov / Shutterstock; S. 55 Freeclimbing: Sergey Nivens / Shutterstock; S. 55 Diamant: Andrey_Popov / Shutterstock; S. 56 Geschwister: Anna Omelchenko / Shutterstock; S. 56 Die Bremer Stadtmusikanten: Bildagentur Zoonar GmbH / Shutterstock; S. 56 Goldfische: noxmox / Fotolia; S. 56 Goldfische: noxmox / Fotolia; S. 56 Jahreszeiten: Africa Studio / Shutterstock; S. 57 Katze Mathematiker: Kisialiou Yury / Shutterstock; S. 57 es schneit in Berlin: SP-Photo / Shutterstock; S. 57 Kind mit Brokkoli: Martinan / Fotolia; S. 57 neues Kleid: wavebreakmedia / Shutterstock; S. 57 spielende Kinder: Sergey Novikov / Shutterstock; S. 57 Kind isst Eis: kikovic / Shutterstock; S. 57 alte Schuhe: Lane V. Erickson / Shutterstock; S. 57 Trauriger Hund: Arman Zhenikeyev / Shutterstock; S. 57 Maus mit Fahrrad: imacture / Fotolia; S. 57 Hase im Käfig: Sergey Lavrentev / Fotolia; S. 57 die Sonne scheint in Rom: Alliance / Shutterstock; S. 57 roter Wein: Syda Productions / Shutterstock; S. 57 weißer Wein : Adam Gregor / Fotolia; S. 57 Müde Frau: Sara Berdon / Fotolia; S. 58 dicke Katze : dennisvdwater / Fotolia; S. 58 Geburtstagstorte 40 Jahre: koya979 / Fotolia; S. 58 messen die Größe: iko / Fotolia; S. 58 Betende Hände: Elena Milevska / Fotolia; S. 58 Messen Größe 2: Roman Gorielov / Fotolia; S. 58 Geburtstagstorte 40 Jahre 2: Zerbor / Fotolia; S. 58 Baby schläft auf Büchern: Sergey Novikov / Fotolia; S. 58 Junge lernt: Rido / Fotolia; S. 58 schlanker Hund: javier brosch / Fotolia; S. 59 Batterien : Trankvilizator / Fotolia; S. 59 Medaille: Africa Studio / Fotolia; S. 60 Korken mit Zahlen: tobago77 / Fotolia; S. 63 Nummer 128: gmstockstudio / Shutterstock; S. 63 Zimmer 360: Lisa S. / Shutterstock; S. 63 Nummer 24 : 1599686sv / Shutterstock; S. 63 Geburtstagstorte 35 Jahre: NatashaPhoto / Shutterstock; S. 63 Nummer 80: fotonen / Fotolia; S. 63 Nummer 242: Michel Piccaya / Shutterstock; S. 63 Bingo: Gustavo Frazao / Shutterstock; S. 64 Ein Uhr: Preechath / Fotolia; S. 64 Aschenbrödel, Frau mit Uhr: Poulsons Photography / Fotolia; S. 65 Geschäftsfrau mit Uhr: halfbottle / Fotolia; S. 65 Studentin mit Uhr: Elnur / Fotolia; S. 66 Fußball im Fernsehen, Füße vor Fernseher: Alessandro Zocchi / thinkstock; S. 66 Vegetarier: Minerva Studio / Fotolia; S. 66 Fußball spielen, Fussball auf Wiese: Pixland / thinkstock; S. 66 Mann isst Fleisch : Lisa A / Shutterstock; S. 66 Kariertes Heft: AldanNa / Fotolia; S. 67 Ohrringe in der Hand: satura_ / Fotolia; S. 67 Zähne in der Hand: Anna Anisimova / Shutterstock; S. 67 betteln: Photographee.eu / Shutterstock; S. 67 Handschuhe aus Wolle: Es75 / Fotolia; S. 67 roter Wein: Minerva Studio / Fotolia; S. 67 Brot verkaufen: ikonoklast_hh / Fotolia; S. 67 Kartoffeln kaufen : Boggy / Fotolia; S. 67 Stoffe messen : Nenad Aksic / Shutterstock; S. 68 Gramm, Waage: urfinguss / thinkstock; S. 68 Dutzend: Luis Santos / Shutterstock; S. 68 Liter: M. Unal Ozmen / Shutterstock; S. 68 Kilo: Martina_L / thinkstock; S. 68 Einkaufswagen: Davizro Photography / Fotolia; S. 68 Bunte Ring: Miramiska / Fotolia; S. 68 Villa: pixarno / Fotolia; S. 68 Espresso: Peter Bernik / Shutterstock; S. 69 Auto in Garage: Image Source / Istockphoto; S. 69 Tiere: Eric Isselee / Shutterstock; S. 70 Walkenkratzer: Sentavio / Fotolia; S. 70 Beethoven: Andrey Yushkov / Shutterstock; S. 70 Aprilscherz: nito / Fotolia; S. 70 Erschaffung Adams: creedline / Fotolia; S. 70 Ruhetag: Stokkete / Shutterstock; S. 71 Stadtplan, Stadtplan (Hintergrund): elenabsl / Fotolia; S. 71 Ampel, Ampel 2: vvictory / Fotolia; S. 72 G8: Comugnero Silvana / Fotolia; S. 72 Jahreszeiten mit Bäume: mekcar / Shutterstock; S. 72 Fußballmannschaft: mooinblack / Shutterstock; S. 72 Sieben Zwerge: vologil / Fotolia; S. 72 To do list: Bennyartist / Shutterstock; S. 72 weibliche Hände: gpointstudio / Shutterstock; S. 72 Geburtstag: Anna Jurkovska / Shutterstock; S. 73 Feuerwerk, Feuerwerk: refresh(PIX) / Fotolia; S. 73 Ostern: LiliGraphie / Fotolia; S. 73 Drei Könige : nito / Shutterstock; S. 73 Katze mit Weihnachtskugeln: Konstantin Aksenov / Fotolia; S. 73 Tag der Arbeit: Photos.com / thinkstock; S. 73 Berliner Mauer: cuthbert48 / thinkstock; S. 74 Mann zeigt auf etwas: LoloStock / Fotolia; S. 76 Paar macht Selfies: Jacob Lund / Fotolia; S. 76 Mann zeigt auf sich: olly / Fotolia; S. 76 Fotograf: oneinchpunch / Fotolia; S. 76 Viele Leutezeigen auf Betrachter: FotolEdhar / Fotolia; S. 76 female hand holding a egg: gosphotodesign / Shutterstock; S. 76 Frau zeigt auf Betrachter: Dynamic Graphics / thinkstock; S. 76 Finger zeigen auf einen Mann: Happy Stock Photo / Shutterstock; S. 76 Zeigefiner: pathdoc / Shutterstock; S. 77 Auto: Viacheslav Nikolaenko / Shutterstock; S. 77 two angry businesspeople looking sideways: Antonio Guillem / Shutterstock; S. 77 thinking red haired girl: The Clay Machine Gun / Shutterstock; S. 77 Alte Frau: Kristo-Gothard Hunor / Shutterstock; S. 77 Kinder spielen mit Ball: Rawpixel.com / Shutterstock; S. 78 Frau ist allergisch gegen Katzen: Image Point Fr / Shutterstock; S. 78 empty wallet: Nattapol Sritongcom / Shutterstock; S. 78 man sitting in front of a damaged car: Creativa Images / Shutterstock; S. 78 healthy, fitness, diet: Nok Lek / Shutterstock; S. 78 angry boss: Minerva Studio / Shutterstock; S. 78 bike theft: Marc Bruxelle / Shutterstock; S. 78 teenage boy whispering a secret: Master1305 / Shutterstock; S. 78 crazy dentist: vchal / Shutterstock; S. 79 girl refuses food: VGstockstudio / Shutterstock; S. 79 Hand presses the bell at the door: ArtWell / Shutterstock; S. 79 Worker is having a bad day: ra2studio / Shutterstock; S. 79 sweaty kid: EvgeniiAnd / Shutterstock; S. 79 ice cristals hanging on roof: MonoLiza / Shutterstock; S. 79 two little kid playing outdoors during snowfall: Romrodphoto / Shutterstock; S. 80 woman washing hands: Samuel Borges Photography / Shutterstock; S. 80 hands on top of each other: LeventeGyori / Shutterstock; S. 80 cat looking into the mirror: Rasulovs / thinkstock; S. 81 baby trying to put on fathers shoe: Andriy Oleksienko / Shutterstock; S. 81 little girl hanging washing: David De Lossy / thinkstock; S. 81 cat sitting in a washing machine: Vagengeim / Shutterstock; S. 81 woman shaving beard: PhotoMediaGroup / Shutterstock; S. 81 baby boy sitting in bathroom: Volodymyr Tverdokhlib / Shutterstock; S. 81 shrimp heart: Madlen / Shutterstock; S. 81 woman shaving legs: gpointstudio / Shutterstock; S. 82 Mann Gesicht 1: ZoneCreative / Shutterstock; S. 82 Frau Gesicht 2: ZoneCreative / Shutterstock; S. 82 Mann Gesicht 2 (Schwarze): ZoneCreative / Shutterstock; S. 82 Frau Gesicht 1 (Blondine): ZoneCreative / Shutterstock; S. 83 Geschäftsmann in einem kleinen Büro, das Büro ist zu klein: Minerva Studio / thinkstock; S. 83 Elephant in der Bibliothek: Zastolskiy Victor / Shutterstock; S. 83 Unbequeme Schuhe: Kaspars Grinvalds / Shutterstock; S. 83 Mann badet in Eisloch: Dudarev Mikhail / Shutterstock; S. 84 Turnschuhe: Africa Studio / Shutterstock; S. 84 Hundehütte: Eric Isselee / Shutterstock; S. 84 Kinderbett: FamVeld / thinkstock; S. 84 Frau die verschieden Arbeiten macht: Markus Mainka / Fotolia; S. 84 Meerestiere: mexrix / Shutterstock; S. 85 woman holding a book over her head: Minerva Studio / Shutterstock; S. 85 Rom Colosseum: photo.ua / Shutterstock; S. 85 sad dog: luliubo / Shutterstock; S. 85 doctor with soccer ball: Jesus Cervantes / Shutterstock; S. 86 Getränke, hand + glasses: boule1301 / Fotolia; S. 86 frustated father holding bottle with milk: g-stockstudio / Shutterstock; S. 86 Beer and Brezel: fotogestoeber / Shutterstock; S. 86 Roter Wein: luismolinero / Fotolia; S. 87 Icons Küche: LynxVector / Shutterstock; S. 87 Icons Reisen und Sommer: LynxVector / Shutterstock; S. 87 Icons Beauty: LynxVector / Fotolia; S. 87 Gänseküken: koszivu / Fotolia; S. 87 Icons Obst und Gemüse: LynxVector / Shutterstock; S. 88 Arbeitssitzung: Rawpixel.com / Fotolia; S. 89 Geschäftsmann am Telefon: Drobot Dean / Fotolia; S. 89 Geld: M. Schuppich / Fotolia; S. 89 Frau zeigt: kegfire / Fotolia; S. 89 Spielzeuge : iordani / Fotolia; S. 89 Kinder im Klassenzimmer: contrastwerkstatt / Fotolia; S. 89 brocken plate: SherSor / Shutterstock; S. 89 Mann zeigt: Sergey Nivens / Fotolia; S. 89 Schreiende Zwillinge: leungchopan / Shutterstock; S. 90 business people: Werner Heiber / Shutterstock; S. 90 business people: Werner Heiber / Shutterstock; S. 90 man with a picture of himself: g-stockstudio / Shutterstock; S. 91 Grauer Mantel: Tarzhanova / Fotolia; S. 91 Blaue Schuhe: photographyfirm / Fotolia; S. 91 Damenrock: Alexandra Karamyshev / Fotolia; S. 91 Jeans: sveta / Fotolia; S. 91 Graue Stiefel: photographyfirm / Fotolia; S. 91 Daunenjacke: ludmilafoto / Istockphoto; S. 91 Anzeigen, finger pointing: Madiz / thinkstock; S. 92 old telephone: Theeradech Sanin / Shutterstock; S. 92 indecisive man trying to dress: Discovod / Shutterstock; S. 92 man holding tulips: Ljupco Smokovski / Shutterstock; S. 92 brother and sister: gmstockstudio / Shutterstock; S. 92 woman shopping: DenisNata / Shutterstock; S. 92 Guckloch: Milkovasa / Shutterstock; S. 93 same man in different style clothes: Syda Productions / Shutterstock; S. 93 man walks under a heavy snow: cemT / Shutterstock; S. 93 toilet paper: Peter Gudella / Shutterstock; S. 93 woman with spider on her face: lassedesignen / Shutterstock; S. 93 boy holds a toy gun: Operation Shooting / Shutterstock; S. 94 red tie: Mega Pixel / Shutterstock; S. 94 Zweifel: aslysun / Shutterstock; S. 94 cats eating from the same plate: Oleksandr Pashchenko / Shutterstock; S. 94 boy with two girls: Anetlanda / Shutterstock; S. 94 girl and boy holding the same book: George Rudy / Shutterstock; S. 94 Helme: VTT Studio / Shutterstock; S. 94 Geburtstag: Anna Jurkovska / Shutterstock; S. 95 couple in bed using their mobile phone: Marcos Mesa Sam Wordley / Shutterstock, S. 95 man with big ears. Rasulov / Shutterstock, S. 96 angry businessman: yuriyzhuravov / thinkstock; S. 96 bicycles in a shop: bellena / Shutterstock; S. 96 map of italy made of corks: Ozgur Coskun / Shutterstock; S. 96 brandenburger Tor: canadastock / Shutterstock; S. 96 friends are going to visit Bavaria: Kalamurzing / Shutterstock; S. 96 businesspeople at conference table: moodboard / thinkstock; S. 96 electric bike: Markus Mainka / Shutterstock; S. 96 man choosing a wine: Minerva Studio / Shutterstock; S. 97 two teeth: natalia pak / Shutterstock; S. 97 Mann hat zu viel gegessen : pathdoc / Shutterstock; S. 97 cat washing in the sink: Yegor Larin / Shutterstock; S. 97 coffee on keyboard computer: Paket / Shutterstock; S. 97 Vorstellungsgespräch: BlueSkyImages / Fotolia; S. 97 businessman running late: wavebreakmedia / Shutterstock; S. 97 man accused with hands that indicate: alphaspirit / Shutterstock; S. 98 pile of sand: Pincarel / Shutterstock; S. 98 child outdoors in autumn park: Sunny studio / Shutterstock; S. 98 crazy doctor with a big saw: MyImages - Micha / Shutterstock; S. 98 man looking into refrigerator: gmstockstudio / Shutterstock; S. 98 pile of stones: naluwan / Shutterstock; S. 98 conflict between a boy and a girl: Tatyana Dzemileva / Shutterstock; S. 98 salad in a bowl with salt: Syda Productions / Shutterstock; S. 98 family bike: Versta / Shutterstock; S. 99 magician and frog: Ljupco Smokovski / Shutterstock; S. 99 magician and frog: Ljupco Smokovski / Shutterstock; S. 99 santa claus enjoy sun: Mirelle / Shutterstock; S. 99 wedding invitation cards: Floral Deco / Shutterstock; S. 99 little baby drawing on the wall: KayaMe / Shutterstock; S. 99 chewing gum on street: Africa Studio / Shutterstock; S. 99 positive result pregnancy: Olga Drabovich / Shutterstock; S. 99 funny doctor with board: Africa Studio / Shutterstock; S. 100 baby boy wearing fathers boots: 9Gawin / Shutterstock; S. 100 dog with books on sofa: Africa Studio / Shutterstock; S. 100 friends taking a photo with a selfie stick: Rido / Shutterstock; S. 100 Buchstabe P: Markus Mainka / Fotolia; S. 100 Ohrringe: Shutter-Man / Shutterstock; S. 100 Buchstabe A: Markus Mainka / Fotolia; S. 101 dog awaiting his food: David Porras / Shutterstock; S. 101 man with long nose: SFIO CRACHO / Shutterstock; S. 101 baby with toilet paper: markcarper / Thinkstock; S. 101 businesspeople bound by red tape: AndreyPopov / Thinkstock; S. 101 owl eye: Pitipat Usanakornkul / Shutterstock; S. 101 woman at restaurant table: LewisTsePuiLung / Istockphoto; S. 101 stressed businessman: Michael Blann / Istockphoto; S. 102 child playing with letters: athomass / Fotolia; S. 104 rostiges Auto: Kirakos / Shutterstock; S. 104 Frau und Denkblase mit Musiknote: DDRockstar / Fotolia; S. 104 Euro-Münzen: Fotoverkaeufer / Shutterstock; S. 105 Akupunkturnadeln in Rücken: Andrey_Popov / Shutterstock; S. 105 Hand Geste, Stop: Kostenko Maxim / Shutterstock; S. 105 überladener 2CV: Zarya Maxim / Fotolia; S. 105 Erste-Hilfe-Koffer: destina / Fotolia; S. 105 Duschbrause: mettus / Fotolia; S. 105 Drachen in Luft: gegenart / Fotolia; S. 106 Junge in Boot: Solovyova / Istockphoto; S. 107 Handschellen: Brian Jackson / Fotolia; S. 107 Weltall: vchalup / Fotolia; S. 107 Junge vor Tafel: granata68 / Istockphoto; S. 107 Snowboarder: 2xSamara.com / Fotolia; S. 107 Frau nach Einkauf mit Kassenzettel: eurobanks / Shutterstock; S. 107 Löwenzahn: Kovtun Petro / Shutterstock; S. 107 reißendes Seil: scottchan / Fotolia; S. 108 Hand greift nach Schlüsseln: Stocksnapper / Shutterstock; S. 108 Frau trägt Hut aus Hortensien: soup studio / Fotolia; S. 108 gegrillte Insekten: Taiftin / Shutterstock; S. 108 Kinder auf Schlitten: monropic / Fotolia; S. 108 Mann mit vielen Aktenordnern: photo 5000 / Fotolia; S. 108 Vektor offenes Fenster: VectorFrenzy / Fotolia; S. 108 Hand hält schmutzigen Lappen: PRILL / Shutterstock; S. 108 unterschiedliche Socken: Big Pants Production / Shutterstock; S. 109 Frau mit VR-Brille: ZoomTeam / Fotolia; S. 109 Margarite, Blueten fallen ab: kovaleva_ka / Fotolia; S. 110 Bäckerin mit Teig in Herzform: Tyler Olson / Shutterstock; S. 110 Mann singt ihn Mikrophon, Frau schreckt zurück: olly / Fotolia; S. 110 Miniatur, Bauarbeiter Baustelle: icarmen13 / Shutterstock; S. 110 Asiatische Tänzerinnen in traditionellen Kostümen: Tropical studio / Shutterstock; S. 110 Jäger mit Flinte: Elnur / Shutterstock; S. 110 Maler mit Malpalette: Milkovasa / Shutterstock; S. 110 Chemiker : Alena Zamotaeva / Shutterstock; S. 111 verzweifelte Frau und Kind: Nomad_Soul / Shutterstock; S. 111 Kinder stehen Kopf: Yuganov Konstantin / Shutterstock; S. 112 Holzlöffel : kireewong foto / Fotolia; S. 112 Orangensaft: Imageman / Shutterstock; S. 112 Mann schaut bestürzt, überrascht: STUDIO GRAND OUEST / Shutterstock; S. 112 Vektor Zahnräder: Piktoworld / Fotolia; S. 112 Mann mit Clownsnase: bilderstoeckchen / Fotolia; S. 112 Sparschwein aus Glas: Dieter Konrad / Fotolia; S. 112 Sitzreihen in Stadion: Sarut.kla / Shutterstock; S. 112 Füße in Gras mit Blumen: Brian Jackson / Fotolia; S. 113 gefrorene Kirsche in Eiswürfel: Dan Kollmann / Shutterstock; S. 113 Schwein steht in Schlamm: Ray Fallbacher / Shutterstock; S. 113 Pärchen nach Einkauf mit Kassenzettel: Stokkete / Shutterstock; S. 113 Hund und Katze in Badewanne: Martina Osmy / Fotolia; S. 113 Klammeraffe aus Gras: Thomas R. / Fotolia; S. 113 Frau schwebt schwerelos in Zimmer: Zastolskiy Victor / Shutterstock; S. 113 verlassenes Zimmer: VetraKori / Shutterstock; S. 113 Bergsteigen: Vitaliy Mateha / Fotolia; S. 113 Sportler mit vielen Bällen: Ljupco Smokovski / Shutterstock; S. 114 Hand hält Puzzleteil grün: BRN-Pixel / Fotolia; S. 114 Hand hält Puzzleteil blau: BRN-Pixel / Fotolia; S. 114 Hand hält Puzzleteil blau: BRN-Pixel / Fotolia; S. 114 Insektenhotel: Schlesier / Fotolia; S. 115 Frau auf Motorroller: OPOLJA / Shutterstock; S. 115 Gras in gepunkteter Gießkanne: pukach / Shutterstock; S. 115 Vektor Zug: Vertyr / Shutterstock; S. 116, 117 Auftaktseite Kapitel 8: niyazz / Fotolia; S. 118 icons 1: nalinratphi / Fotolia; S. 118 icons 2: vasabii / Fotolia; S. 118 icons 2: vasabii / Fotolia; S. 118 Tombola -Lose: Sunny Celeste / Shutterstock; S. 118 Icons allg.: Jane Kelly / Fotolia; S. 118 Icons allg.: Jane Kelly / Fotolia; S. 118 Icons allg.: Jane Kelly / Fotolia; S. 119 Wanderer vor Landschaft: attilio pregnolato / Shutterstock; S. 119 Sicherheitshelme von oben: VTT Studio / Fotolia; S. 119 Straße mit Beleuchtung, verschwommen: VTT Studio / Fotolia; S. 119 Menschen halte Sprechblasen: Rawpixel.com / Shutterstock; S. 119 Mann mit Fernbedienung auf Sofa: Stefano Cavoretto / Shutterstock; S. 119 Mann legt Schuhe in Korb an Sicherheitskontrolle Flughafen: Monkey Business / Fotolia; S. 119 Katze im Schuh: c.heusler / Fotolia; S. 119 Junge und Mann pflanzen Baum: g-stockstudio / Shutterstock; S. 119 Frau spaziert an Wasser: Artem Merzlenko / Fotolia; S. 120 Freunde am Tisch: Monkey Business Images / Shutterstock; S. 120 gelangweilte Menschen im Kino: Nejron Photo / Fotolia; S. 120 Mann vor Weltkarte: Who is Danny / Shutterstock; S. 120 Mann schlägt sich vor Kopf: file404 / Shutterstock; S. 120 Schere, Stein, Papier: villorejo / Shutterstock; S. 120 Daumen hoch: AlexandrBognat / Shutterstock; S. 121 Delphin an Korallenriff: Andrea Izzotti / Fotolia; S. 121 Delphine schwimmen im Meer: chirnoagarazvan / Fotolia; S. 121 Mann beugt sich zu Delphin in Wasser: sofia30 / Fotolia; S. 121 Delphin springt durch Ring: Lars Christensen / Shutterstock; S. 121 Vektor Laptop Update: fatmawati achmad zaenuri / Shutterstock; S. 121 icons 2: vasabii / Fotolia; S. 121 Icons allg.: Jane Kelly / Fotolia; S. 122 Frau auf Wiese : Syda Productions / Fotolia; S. 122 Esel vor haus: uskm / Fotolia; S. 122 Brötchen: Prostock-studio / Shutterstock; S. 122 Rennschnecke: Dickov / Fotolia; S. 122 Birne und Apfel aneinandergetackert: Reinhold Leitner / Shutterstock; S. 122 Ahornblatt: lianny / Fotolia; S. 122 icons 2: vasabii / Fotolia; S. 122 icons 2: vasabii / Fotolia; S. 123 icons 2: vasabii / Fotolia; S. 124 Kinder in Kostümen: rosygreen / Fotolia; S. 124 Roter Teppich: Dmitry Kalinovsky / Shutterstock; S. 124 junger Mann schlaeft im Zug: Stefano Cavoretto / Shutterstock; S. 124 Schmetterlinge auf Blüte: nataba / Fotolia; S. 124 Icons allg.: Jane Kelly / Fotolia; S. 124 Icons allg.: Jane Kelly / Fotolia; S. 125 Sonnenblumen und Herz: MK-Photo / Fotolia; S. 125 Kind mit Lupe: BlueOrange Studio / Shutterstock; S. 125 Speisen von oben: exclusive-design / Fotolia; S. 125 Mann schaut empor: Tom Bayer / Fotolia; S. 125 Altglascontainer: Angela Rohde / Fotolia; S. 125 Kind auf Fahrrad: Africa Studio / Fotolia; S. 125 Katze: Pavlo Loushkin / Fotolia; S. 125 Frau hält sich Hände vors Gesicht: Jessmine / Fotolia; S. 125 Malblatt, Punkte verbinden: Patrick Meider / Fotolia; S. 125 Mann friert: HomeArt / Shutterstock; S. 125 icons 1: nalinratphi / Fotolia; S. 125 Icons allg.: Jane Kelly / Fotolia; S. 126 Welle im Meer: Spiber.de / Fotolia; S. 126 icons 2: vasabii / Fotolia; S. 126 Icons allg.: Jane Kelly / Fotolia; S. 126 Frau mit Pinnocchio-Nase: pathdoc / Fotolia; S. 127 Vektor Schilder: lindwa / Fotolia; S. 127 Vektor Ver- und Gebotsschilder: Ms VectorPlus / Fotolia; S. 127 Maedchen wirft Flasche in Glascontainer: Sebastiano Fancellu / Fotolia; S. 127 Vektor Verkehrsschilder: MaluStudio / Shutterstock; S. 127 Raupe auf Tastatur: wk1003mike / Shutterstock; S. 127 Blitz über Stadt: jcpjr / Fotolia; S. 127 3 Strichmännchen : sljubisa / Fotolia; S. 127 Mann sitzt vor kaputtem Auto: Creativa Images / Fotolia; S. 127 Kind in Regenmantel in Regen: Jürgen Fälchle / Fotolia; S. 127 Junge an Bahngleis, schaut auf die Uhr: 47media / Fotolia; S. 127 Icons allg.: Jane Kelly / Fotolia; S. 127 Icons allg.: Jane Kelly / Fotolia; S. 128 Schüler von oben: Rawpixel.com / Shutterstock; S. 129 Mädchen füttert Ziege: oatintro / Fotolia; S. 129 Flohmarkt: Matej Kastelic / Shutterstock; S. 129 Frau kniet auf Koffer: BillionPhotos.com / Fotolia; S. 129 Zebrastreifen: Christian Müller / Fotolia; S. 129 Terasse: yurmary / Fotolia; S. 129 Türe: belander / Shutterstock; S. 130 2 Smartphone-Displays: photoplotnikov / Fotolia; S. 130 Welt von oben: Pablo Scapinachis / Shutterstock; S. 131 Erde von oben: Pablo Scapinachis / Shutterstock; S. 132, 133 vector cats eyes: Vlastimil ?estßk / thinkstock ; S. 134 Stewardess, asiatisch: Belovodchenko Anton / Shutterstock; S. 134 Mann schenkt Frau Blumen: Thomas Mucha / Fotolia; S. 134 Espressotasse unter Espressomaschine: sabine hürdler / Fotolia; S. 134 Mädchen hält alten Lautsprecher ans Ohr: Sergey Khamidulin / Fotolia; S. 134 Roboter: Ociacia / Shutterstock; S. 134 Mädchen vor Teleskop: madhourse / Fotolia; S. 134 Katze trinkt aus Glas: kozorog / Fotolia; S. 134 Junge putzt Zähne: paleka / Fotolia; S. 134 Frau zeigt auf etwas: contrastwerkstatt / Fotolia; S. 134 Marienkäfer auf Kleeblatt: Sonja Calovini / Fotolia; S. 135 Bassett-Hund schläft: artSILENSEcom / Fotolia; S. 135 Mann in Kiste: Ronald Sumners / Shutterstock; S. 135 Hand hält Stift und füllt Formular aus: BillionPhotos.com / Fotolia; S. 135 Mann vor Teller hat Hunger: LoloStock / Fotolia; S. 135 Mädchen mit Boxhandschuhen: Sunny studio / Shutterstock; S. 136 Tassen mit Flüssigkeiten von oben: tibor13 / Fotolia; S. 136 4 Gewinnt-Spiel: TELCOM-PHOTOGRAPHY / Fotolia; S. 137 Mann auf Gipfel: Yuriy Kulik / Shutterstock; S. 138 Mann fotografiert sich mit Selfiesticks: lazyllama / Fotolia; S. 139 Mann springt am Strand umher: altafulla / Shutterstock; S. 139 Holzkaffeemuehle: adga94foto / Fotolia; S. 139 Verkehrszeichen in Handinnenfläche gemalt: Kisialiou Yury / Shutterstock; S. 140 Kinder spielen mit Bällen: ARochau / Fotolia; S. 140 Entenküken: ILYA AKINSHIN / Fotolia; S. 140 weibliche Hand trückt auf Türspion: zphoto83 / Fotolia; S. 140 Mann in Gasmaske vor Käse: tunedin / Fotolia; S. 140 Portemonnaie auf Boden: Andrei Korzhyts / Shutterstock; S. 140 Mensch in Labyrinth von oben: Photocreo Bednarek / Fotolia; S. 141 Mann schaut hinter Zaun hervor: lassedesignen / Fotolia; S. 141 Männer tragen Fahrräder in Schnee: ARochau / Fotolia; S. 141 Frau in Cabrio: Grischa Georgiew / Fotolia; S. 141 Mountainbiker: Maksym Protsenko / Fotolia; S. 141 Frau schiebt Auto: oneinchpunch / Shutterstock; S. 142 Junge, ,Ich-weiß-nicht'-Gestik/ Mimik: Soon Wee hong / Shutterstock; S. 142 Haustiere: grafikplusfoto / Fotolia; S. 143 Frau mit Berg Bügelwäsche: Ljupco Smokovski / Fotolia; S. 143 Schüler halten Händchen unter Bank: contrastwerkstatt / Fotolia; S. 143 Mann hält sich Zahn und schaut schmerzerfüllt auf Eis am Stiel: Ljupco Smokovski / Fotolia; S. 144 Mann vor Mikrophonen: Africa Studio / Fotolia; S. 144 Athlet: Cara-Foto / Shutterstock; S. 144 altes Haus: photowind / Shutterstock; S. 144 Mann hebt Gewichte: Ollyy / Shutterstock; S. 144 Frau schaut durch Türspion: Denis Rozhnovsky / Fotolia; S. 144 Snowboarder: anatols / istockphoto; S. 145 Frau hält sich Hände vors Gesicht: Malyugin / Shutterstock; S. 145 Mann tanzt: ZoneCreative / Fotolia; S. 147 Verb: B Calkins / Shutterstock; S. 148 Kamel: schoki_01 / Fotolia; S. 148 Frau telefoniert und schaut aus Fenster: Gina Sanders / Fotolia; S. 148 Oktoberfest: purplequeue / Shutterstock; S. 148 Stau: digitalstock / Fotolia; S. 148 Mann schläft auf Bank: Air Images / Shutterstock; S. 149 Henne liegt, drei Eier davor: Tim UR / Fotolia; S. 149 Mann nach Stromschlag: Dragon Images / Shutterstock; S. 149 Junge hat Angst vor Spritze: andras_csontos / Fotolia; S. 149 Mann mit Glatze wird gekämmt: Firma V / Fotolia; S. 149 weiblicher Clown: alphaspirit / Fotolia; S. 149 Brieftaube: fotomaster / Fotolia; S. 149 Ball in Tor: anekoho / Fotolia; S. 149 Mann schreibt auf Tastatur: Claudia Paulussen / Fotolia; S. 149 Mann schneidet Rasen mit Schere: Osterland / Fotolia; S. 150 Frau vor kaputtem Auto: pix4U / Fotolia; S. 151 großer und kleiner Stuhl: PlusONE / Shutterstock; S. 152 Mädchen spielt mit kleinem Jungen: ANURAK PONGPATIMET / Shutterstock; S. 152 Mann neben Sänger: Scott Griessel / Fotolia; S. 153 Mann mit Maske an Laptop: Amir Kaljikovic / Fotolia; S. 153 Zuhörer Konzert: erika8213 / Fotolia; S. 153 Pärchen in Unterführung: oneinchpunch / Fotolia; S. 153 Karneval Kostümierte: Clemens Schüßler / Fotolia; S. 153 Menschen mit digitalen Geräten: Monkey Business Images / Shutterstock; S. 153 chaotischer Kleiderschrank: luanateutzi / Shutterstock; S. 153 Mädchen in Superman-Kostüm auf Dach: Konstantin Yuganov / Fotolia; S. 153 Mann in gemaltem Auto: ra2 studio / Fotolia; S. 154 Riesenrad: kawano / Fotolia; S. 155 Grillhähnchen: Arsel

/ Fotolia; S. 155 Kind greift nach Handy: Q / Fotolia; S. 155 Finger stecken in Minischuhe und gehen: Piti Tangchawalit / Shutterstock; S. 155 Sanduhr: mokokomo / Shutterstock; S. 155 Frau blickt auf Schwangerhaftstest, glücklich: CandyBox Images / Shutterstock; S. 155 Schlüssel mit Anhänger in Hausform: Andrei Shumskiy / Shutterstock; S. 155 Frau auf Toilette: luckybusiness / Fotolia; S. 155 Frauen schieben Minibus: Halfpoint / Fotolia; S. 156 Paar streitet, steht Rücken an Rücken: jesadaphorn / Fotolia; S. 157 Frau auf Liege auf Terasse: ArTo / Fotolia; S. 159 Werkzeug: goir / Shutterstock; S. 160 angry businessman: yuriyzhuravov / thinkstock; S. 160 Vogeljunge: YK / Shutterstock; S. 160 Fußballschauen: Maksym Poriechkin / Shutterstock; S. 160 Tauben: Little Perfect Stock / Shutterstock; S. 160 Fuß Bananenschale: Janni / Fotolia; S. 160 überarbeitete Frau: Antonio Guillem / Shutterstock; S. 161 Smileys: Jan Engel / Fotolia; S. 162 Anschreien: BillionPhotos.com / Fotolia; S. 162 Handy kaputt: bloomicon / Fotolia; S. 162 Zebras: zaschnaus / Fotolia; S. 162 leerer Kühlschrank: gmstockstudio / Fotolia; S. 162 Junge isst Nudeln: Aarrttuurr / Fotolia; S. 162 Sprung in Badewanne: Milkovasa / Shutterstock; S. 163 unordentlicher Schrank: prudkov / istockphoto; S. 163 Hornspieler: Kirill Kurashov / Shutterstock; S. 163 Weihnachtsmann Rentiere: Vladimir Melnikov / Fotolia; S. 164 Fisch stinkt: Ljupco Smokovski / Fotolia; S. 164 Mann und Frau auf Sofa, schüchtern: Voyagerix / Fotolia; S. 165 Lesen unter der Decke: Slobodan Zivkovic / Shutterstock; S. 165 älteres Paar sieht fern: oneinchpunch / Shutterstock; S. 165 Frau Stapel Papier: Photographee.eu / Fotolia; S. 165 Adam Eva Apfel: suslo / Fotolia; S. 165 rote Karte: Gines / Fotolia; S. 165 Hund wartet: l i g h t p o e t / Shutterstock; S. 166 Kind isst: JenkoAtaman / Fotolia; S. 166 Gurke: lawcain / Fotolia; S. 166 Kaviar: Baevskiy Dmitry / Fotolia; S. 166 Junge umarmt Hund, sitzt auf Steg: Jenny Sturm / Fotolia; S. 166 Junge untersucht Rasen mit Lupe: Christin Lola / Fotolia; S. 166 Polizei hält Wagen an: Gerhard Seybert / Fotolia; S. 167 Junge hält Hörer weg: Amazingmikael / Fotolia; S. 167 Nachbarn, Ruhestoerung, TV laut: rodjulian / Fotolia; S. 168 Haftnotiz gelb: pico / Fotolia; S. 168 Haftnotiz rosa: pico / Fotolia; S. 168 Hund wird frisiert: Africa Studio / Fotolia; S. 168 Hunde, Regen, gruen: javier brosch / Fotolia; S. 168 Hunde, Leine: javier brosch / Fotolia; S. 168 Hund auf Rücken: chalabala / Fotolia; S. 169 Segeln: Sunny studio / Fotolia; S. 169 schreiendes Kind: Q / Fotolia; S. 169 Mann droht Krokodil: mokee81 / Fotolia; S. 169 Frau hinter großer Pizza: Kalim / Fotolia; S. 169 Vektor TV-Flimmern: briddy / Shutterstock; S. 169 Kind sitzt auf Vater: Sergei Kolesnikov / Shutterstock; S. 169 Bratwurst auf Gabel: bluedesign / Fotolia; S. 169 Paar auf Boot: ViewApart / istockphoto; S. 169 Querschnitt Stamm: mirpic / Fotolia; S. 170 Frau sucht in Handtasche: drubig-photo / Fotolia; S. 170 Diskretion: WoGi / Fotolia; S. 170 Frau Geschenk: altafulla / Shutterstock; S. 170 Frau Spiegel: kei907 / Fotolia; S. 170 Frau Geldautomat kaputt: fmarsicano / Fotolia; S. 170 Mann in Hängematte: alphaspirit / Fotolia; S. 171 schnarchender Ehemann: Ana Blazic Pavlovic / Fotolia; S. 171 übergewichtiger Mann Sport: rangizzz / Fotolia; S. 171 Geschaeftsmann, wuetend: Kletr / Shutterstock; S. 171 Partynacht Chaos: gstockstudio / Fotolia; S. 171 Menschen tauchen: WavebreakmediaMicro / Fotolia; S. 171 Tankanzeige leer: Denys Rudyi / Fotolia; S. 171 mueder Junge: Oksana Mizina / Shutterstock; S. 172 schlechtes Essen: Minerva Studio / Fotolia; S. 172 Pfau: Callozzo / Fotolia; S. 173 Flamingos: juustright / Fotolia; S. 173 Kröte; Frosch: mmilliman / Fotolia; S. 173 Geheimnis flüstern: olly / Fotolia; S. 173 Paar in Cafe: gpointstudio / Shutterstock; S. 174 Schuhabdruck: ojal / Shutterstock; S. 174 Party Karneval: Christian Schwier / Fotolia; S. 174 Querschnitt Stamm: mirpic / Fotolia; S. 175 Vektor Hausfassade mit Menschen in den einzelnen Fenstern: Peter Hermes Furian / Shutterstock; S. 176 Querschnitt Stamm: mirpic / Fotolia; S. 176 Querschnitt Stamm: mirpic / Fotolia; S. 176 Querschnitt Stamm: mirpic / Fotolia; S. 176 Querschnitt Stamm: mirpic / Fotolia; S. 176 Querschnitt Stamm: mirpic / Fotolia; S. 176 Querschnitt Stamm: mirpic / Fotolia; S. 176 Querschnitt Stamm: mirpic / Fotolia; S. 176 Querschnitt Stamm: mirpic / Fotolia; S. 176 Querschnitt Stamm: mirpic / Fotolia; S. 176 Querschnitt Stamm: mirpic / Fotolia; S. 177 Hubschrauber Bergrettung: faalt / Fotolia; S. 177 Storch bringt Baby: stickasa / Fotolia; S. 177 Wortraining: photowahn / Fotolia; S. 177 Mann, geschockt: Franck Boston / Shutterstock; S. 177 Boxen auspacken : PhotoMediaGroup / Shutterstock; S. 178 Hund im Auto: Jenny Sturm / Fotolia; S. 178 Affe: cheekylorns / Fotolia; S. 178 Querschnitt Stamm: mirpic / Fotolia; S. 178 Querschnitt Stamm: mirpic / Fotolia; S. 178 Querschnitt Stamm: mirpic / Fotolia; S. 179 junger Mann sprint in die Luft: Marko Tomicic / Shutterstock; S. 179 Herz: bahram7 / Fotolia; S. 179 Schlange: mrjo_7 / Fotolia; S. 179 Signal auf Bildschirm: zphoto / Shutterstock; S. 180 Querschnitt Stamm: mirpic / Fotolia; S. 181 Dominosteine: Kaesler Media / Shutterstock; S. 181 Giraffe trinkt aus Wasserflasche: K VanderWaal / Shutterstock; S. 181 Frau nachdenken: contrastwerkstatt / Fotolia; S. 181 Mann reitet Elefant: TSUNG-LIN WU / Fotolia; S. 181 zwei Glaeser Champagner: Jag_cz / Shutterstock; S. 181 Wiesn Fallen: Birgitt.Bautze / Fotolia; S. 182 elektronische Geräte: Rawpixel.com / Fotolia; S. 183 Frau, Origami: alphaspirit / Shutterstock; S. 184 Sicherheitsnadel: Sergey Ash / Shutterstock; S. 184 Käse Fondue: Tsuboya / Fotolia; S. 185 Mann mit gekreuzten Fingern: Syda Productions / Shutterstock; S. 185 Frucht: picturepartners / Shutterstock; S. 185 Steinturm : Olga Danylenko / Shutterstock; S. 185 Kinder an der Tafel: Yuganov Konstantin / Shutterstock; S. 185 Schaft geht ueber Holzbruecke: BsWei / Shutterstock; S. 185 Socken: PeJo / Fotolia; S. 185 Bücherstappel; verzweifelte Frau: inarik / Fotolia; S. 186 Mann surft: Arvind Balaraman / Shutterstock; S. 186 Querschnitt Stamm: mirpic / Fotolia; S. 186 Querschnitt Stamm: mirpic / Fotolia; S. 188 Notebook mit Stift: anaken2012 / Shutterstock; S. 188 Mann in Wüste: tournee / Fotolia; S. 188 Frau mit Sonnenbrille: Suzanne Tucker / Shutterstock; S. 189 Frauen im Büro streiten: Kaspars Grinvalds / Fotolia; S. 189 Maedchen sitzt auf Koffer: Szasz-Fabian Ilka Erika / Shutterstock; S. 189 Unterwasser-Selfie: Kletr / Shutterstock; S. 189 Fugänger mit Regenschirm: eyetronic / Fotolia; S. 189 Frau irritiert: Aleksandar Mijatovic / Shutterstock; S. 190 Junge, schuechtern: UMB-O / Shutterstock; S. 190 Geschäftsmann meditiert: milanmarkovic78 / Fotolia; S. 190 Kinder Geheimnis flüstern: ulkas / Fotolia; S. 190 bunte Oldtimer: MABO / Fotolia; S. 190 Mann staubsaugt und singt: Nomad_Soul / Fotolia; S. 190 Flaschenpost: Jason Vandehey / Shutterstock; S. 190 Pfannkuchen frühstücken: kriina2000 / Fotolia; S. 191 Lebenslauf / Stationen Geschäftsfrau: alphaspirit / Fotolia; S. 192 Biker: CREATISTA / Shutterstock; S. 193 Hund auf Stuhl: Jesse Kunerth / Shutterstock; S. 193 Querschnitt Stamm: mirpic / Fotolia; S. 193 wuetende, junge Frau: HBRH / Shutterstock; S. 194 Mäusefalle: Jörg Lantelme / Fotolia; S. 194 kranker Hund: javier brosch / Fotolia; S. 194 Frau schleppt Kisten: Sergey Nivens / Fotolia; S. 194 schlafender Weihnachtsmann: grafikplusfoto / Fotolia; S. 195 Hausfrau,Kuchen im Ofen: Andrey Armyagov / Shutterstock; S. 195 Frau mit gefaerbten Haaren: Anastasiia Kazakova / Shutterstock; S. 195 Ufo Alien: efks / Fotolia; S. 195 vertrocknete Pflanze: phanuwatnandee / Fotolia; S. 195 offene Ladentuere: XiXinXing / Shutterstock; S. 196 Eier: HighLaZ / thinkstock; S. 198 junger Mann, springt: Kues / Shutterstock; S. 198 armer Geschäftsmann: asierromero / Fotolia; S. 199 Thermometer: yime / Fotolia; S. 199 junge liegt im Schnee: wtamas / Shutterstock; S. 199 Paar auf der Insel: Daxiao Productions / Shutterstock; S. 200 Asparagus: Fatseyeva / Shutterstock; S. 200 Junge balanciert auf dem Dach: Yuganov Konstantin / Shutterstock; S. 200 Dartboard: Hurst Photo / Shutterstock; S. 200 Whiteboard, Post-it: SkyLynx / Shutterstock; S. 200 Karrotte herausziehen: Andrei Nekrassov / Shutterstock; S. 200 Chameleon: Vera Kuttelvaserova / Fotolia; S. 200 Hand greift nach Doughnut: Pressmaster / Shutterstock; S. 201 kranke Katze: liveostockimages / Fotolia; S. 201 Baby spielt Klavier: mimagephotos / Fotolia; S. 201 Frau in Pink; Barbie: runzelkorn / Fotolia; S. 201 Mann Ruderboot: raisondtre / Fotolia; S. 201 verschiedene Schuhe: Orlando Florin Rosu / Fotolia; S. 201 streitende Eltern Kind: ESB Professional / Shutterstock; S. 201 Frau verlaufen mit Stadtplan: Kzenon / Shutterstock; S. 201 Brueckenbauer: Andrey Pavlov / Shutterstock; S. 201 Brille Motorradfahrer: BrAt82 / Shutterstock; S. 202, 203 Sicherheitsnadeln: 06photo / Shutterstock; S. 204 Sicherheitsnadel: kvkirillov / istockphoto; S. 204 schwitzende Frau mit Wasserflasche: Peter Bernik / Shutterstock; S. 204 Mann wartet im Restaurant auf seine Freundin. BlueSkyImage / Shutterstock; S. 204 Paar sitzt nach Streit schweigend auf dem Sofa. CandyBox Images / Shutterstock; S. 204 Apfel und Paprika: auleena / istockphoto; S. 204 Schiedsrichter mit Fußball und gelber Karte: DragonImages / Fotolia; S. 204 kranke Frau mit Telefon im Bett: Photographee.eu / shutterstock; S. 204 Mutter macht ihrer Tochter die Jacke zu: Zivica Kerkez / shutterstock; S. 204 Frau mit Schlafstörungen: Photographee.eu / shutterstock; S. 204 dicker Mann versucht, eine zu enge Hose zuzuknöpfen: Ljupco Smokovski / shutterstock; S. 205 Sicherheitsnadel: kvkirillov / istockphoto; S. 205 Apfel und Paprika: auleena / istockphoto; S. 206 Zwei Kinder auf dem Land: petunyia / istockphoto; S. 207 Nummer 0: Gts / Fotolia; S. 207 Vegetarier auf dem Land: Adrian Samson / thinkstock; S. 207 sehr heiß: Antonio Guillem / Shutterstock; S. 207 Mädchen im Regen: Evgeny Atamanenko / Shutterstock; S. 207 Nummer 1: Gts / Shutterstock; S. 208 Geschäftsmann rennt schnell: ykordik / Fotolia; S. 210 Mann mit Wecker: vchal / Shutterstock; S. 210 Katze mit Uhr: Dmitrij Skorobogatov / Shutterstock; S. 210 Turnschuh und Absatz-Schuh: Szabolcs Szekeres / Shutterstock; S. 210 Concept Diagram: Tom Wang / Fotolia; S. 210 Frau mit vielen Armen: bennymarty / Fotolia; S. 211 Businessman rennt: master1305 / thinkstock; S. 211 Buchstabe N: Markus Mainka / Fotolia; S. 211 Hund im Auto: Natallia Vintsik / Fotolia; S. 211 Geburtstag allein feiern: Lolostock / Shutterstock; S. 211 Nummer 1: Gts / Shutterstock; S. 212, 213 lustige Eier: Xesai / thinkstock; S. 214 Ei traurig: Evgenia Pogodina / istockphoto; S. 214 Ei neutral : Evgenia Pogodina / istockphoto; S. 214 Ei zerknirscht: Evgenia Pogodina / istockphoto; S. 214 Ei lustig: Evgenia Pogodina / istockphoto; S. 214 Paar vor Fernseher: goodluz / Shutterstock; S. 214 Frau mit Spinnenangst: Cara-Foto / Shutterstock; S. 214 Mutter markiert die Größe ihres Sohnes an der Messlatte: Sergey Novikov / Shutterstock; S. 214 Mann sucht im Papierchaos auf dem Schreibtisch: Antonio Guillem / Shutterstock; S. 214 Mutter tröstet ihre Tochter.: wavebreakmedia / Shutterstock; S. 214 Student verleiht einen Stift: Production Perig / Shutterstock; S. 214 Cafébesitzer wartet auf Gäste: Jacob Lund / Shutterstock; S. 214 Mann verpasst seinen Bus: Keith Brofsky / thinkstock; S. 214 ertrinkender Mann mit Rettungsring: Andrey_Kuzmin / Shutterstock; S. 215 Kind stochert im Essen herum: Photographee.eu / Shutterstock; S. 215 Kollegen diskutieren über Fakten: Pressmaster / Shutterstock; S. 215 Mann mit Bandagen am Kopf, am Bein und am Arm: RTimages / Shutterstock; S. 215 Kühlkissen auf Fußgelenk: Andrey_Popov / Shutterstock; S. 215 Fee bitte um Ruhe zum Vorlesen: Nicoleta Ionescu / Shutterstock; S. 215 Baby knabbert an seinem Breiteller herum: Lichtmeister / Shutterstock; S. 215 Kollegen streiten über Fakten: michaeljung / Shutterstock; S. 215 Lehrerin brüllt durchs Mikrophon: Andrey_Popov / Shutterstock; S. 216, 217 Stahlkette: mylisa / Fotolia; S. 218 Frau mit Stadtplan fragt eine Passantin nach dem Weg: William Perugini / Shutterstock; S. 219 Student bei einer schwierigen Aufgabe: rnl / Shutterstock; S. 219 Vorstellung eines jungen Mitarbeiters: StockLite / Shutterstock; S. 220 Großfamilie: Monkey Business / Fotolia; S. 220 Notizbuch: yukipon00 / Fotolia; S. 220 Krawatten: Jupiterimages / thinkstock; S. 220 Mensch-ärgere-dich-nicht: S_A_N / thinkstock; S. 220 Roller: hayo / Fotolia; S. 220 Schachtel Pralinen: Africa Studio / Fotolia; S. 220 Teddybär: AEyZRiO / Fotolia; S. 220 Halskette: studiojh / thinkstock; S. 220 Bücher: egal / thinkstock; S. 220 Weinflaschen: aleks-p / Fotolia; S. 220 Kinderfahrräder: Milkos / thinkstock; S. 221 roter Sportwagen: pixelpoems.de / Fotolia; S. 221 Kreuzfahrtschiff in schöner Bucht: Rawpixel / thinkstock; S. 221 Geschäftsmann mit Kuli in der Hand: zest_marina / thinkstock; S. 222 Brief : Andrey Kuzmin / Fotolia; S. 222 Frau, Karriere, Woerter: industrieblick / Fotolia; S. 223 Fußgänger im Schnee neben Autostraße: Andrei Trentea / Shutterstock; S. 223 Begeisterte Fußballfans im Stadion : Jenny Sturm / Shutterstock; S. 224 Ausrufezeichen/Punkt: belchonok / thinkstock ; S. 224 Fragezeichen: belchonok / thinkstock ; S. 226 Hund mit Rosa im Mund: tinkerfrost / Fotolia; S. 226 Geschäftsmann mit größem Stein: alphaspirit / Shutterstock; S. 227 Weihnachtsmann: Zarya Maxim / Fotolia; S. 227 Kind mit Koffer: Evgenia Tiplyashina / Fotolia; S. 228 Zettel: picsfive / Fotolia; S. 228 Katze denkt: mariesacha / Fotolia; S. 229 Hände mit Sprechblasen: stockyimages / Fotolia; S. 230 Zunge mit ?: Andrey Zametalov / Fotolia; S. 231 Mädchen schreit mit Megaphon: Kitty / Fotolia; S. 231 Hund wartet auf seinen Besitzer: Javier Brosch / Shutterstock; S. 231 Frau schreit am Telephon: Artem Furman / Fotolia; S. 232 Mädchen mit Sprechblasen: nastia1983 / Fotolia; S. 232 Kind mit Zunge als deutsche Flagge: iagodina / Fotolia; S. 233 Kette: Gearstd / thinkstock; S. 233 Mann Gesicht 1: ZoneCreative / Shutterstock; S. 233 Frau Gesicht 2: ZoneCreative / Shutterstock; S. 233 Mann Gesicht 2 (Schwarze): ZoneCreative / Shutterstock; S. 233 Frau Gesicht 1 (Blondine): ZoneCreative / Shutterstock; S. 234 3 Uhr: Dimedrol68 / Shutterstock; S. 234 2 Uhr 55: Dimedrol68 / Shutterstock; S. 235 Like / Don't like: canbedone / Shutterstock; S. 236 Diskussion zwischen Ehefrau und Ehemann : ArtFamily / Shutterstock; S. 237 Tier gehaekelt: Lifeinapixel / Fotolia; S. 237 Schwierigkeiten sich zu konzentrieren: lipik / Shutterstock; S. 237 Mann spielt Gitarre: g-stockstudio / thinkstock; S. 237 Zwei Straßen, eine Entscheidung: ESB Professional / Shutterstock; S. 237 Vegetarier auf dem Land: Adrian Samson / thinkstock; S. 238 Näherei: pauchi / Fotolia; S. 239 Kollegen mit Sprechblasen: Rawpixel.com / Fotolia; S. 240 man (board game) Switzerland: michaklootwijk / Fotolia; S. 241 man (board game) Germany: michaklootwijk / Fotolia; S. 241 man (board game) Austria: michaklootwijk / Fotolia; S. 242 Kind spielt mit Auto: Oksana Kuzmina / Shutterstock; S. 242 Wurst: OZaiachin / Shutterstock; S. 242 Sekretärin: Richard M Lee / Shutterstock; S. 242 Flagge Österreich: Viktorija Reuta / Shutterstock; S. 242 Mann sehr müde: FuzzBones / Shutterstock; S. 243 Hund und Bügeleisen: Vitaly Titov / Shutterstock; S. 243 Mädchen als Polizistin: marcogarrincha / Shutterstock; S. 243 Maus: Szasz-Fabian Jozsef / Shutterstock; S. 243 Mann trinkt Kaffee aus der Karaffe: @erics / Shutterstock; S. 243 Flagge Schweiz: Viktorija Reuta / Shutterstock; S. 244 Kinder: RichVintage / istockphoto